DÉBUT D'UNE SÉRIE DE DOCUMENTS EN COULEUR

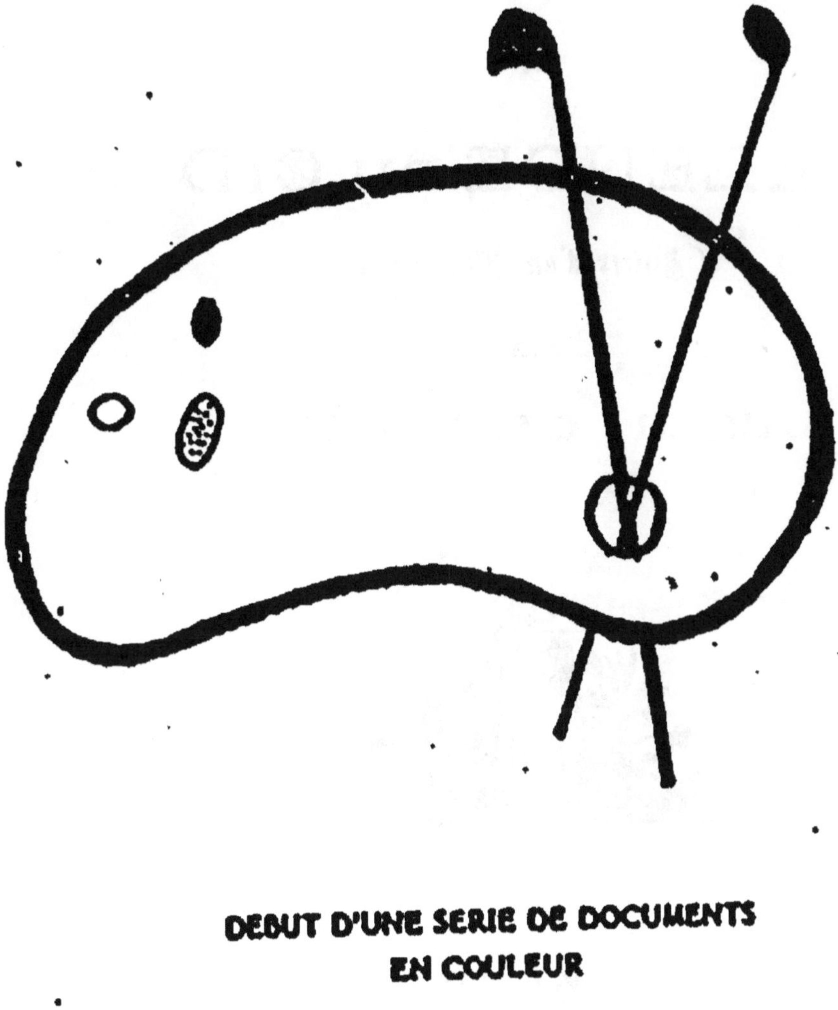

LES
RUINES DE SAGONTE

ET

VALENCE DU CID

(Lettres d'un Hivernant)

PAR

Alfred CROUZAT

BÉZIERS

A. BOUINEAU & Cie, ÉDITEURS

31, Avenue de Bézénas, 31

1890

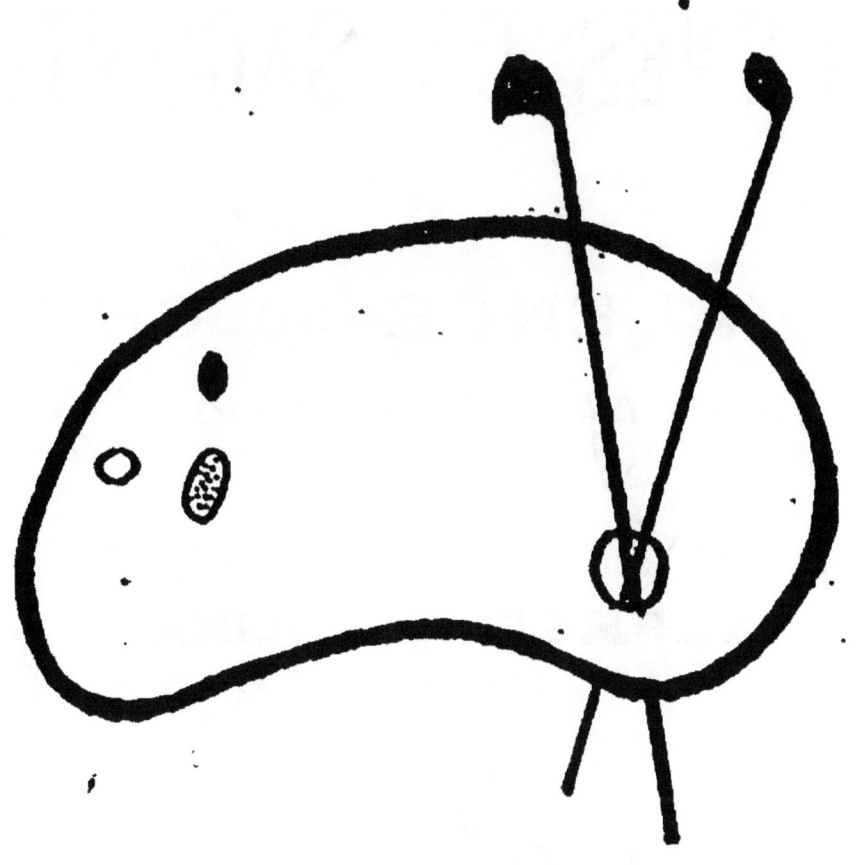

FIN D'UNE SERIE DE DOCUMENTS EN COULEUR

LES
RUINES DE SAGONTE

ET

VALENCE DU CID

(Lettres d'un Hivernant)

PAR

ALFRED CROUZAT

BÉZIERS
A. BOUINEAU & Cie, ÉDITEURS
31, Avenue de Bézinas, 31
1890

*à la Bibliothèque nationale
Don de l'auteur.
Alf. Crouzet
Ex V. Consul d'Espagne.*

LES
RUINES DE SAGONTE

LES RUINES DE SAGONTE

I

Le Littoral

2 Décembre 1889.

C'est bien fâcheux pour les amateurs de voyages que la solution du problème des ballons dirigeables ne soit pas — quoiqu'on dise — encore trouvée !.... Il serait si agréable de s'endormir le soir dans « sa nacelle » pour ne se réveiller que le matin, en plein cœur du pays qu'on désire voir, sans refaire chaque fois le fastidieux chemin de la frontière !....

Par malheur, la science aérostatique n'en est pas encore là, et croyez-le bien, chers amis, elle n'y arrivera pas de longtemps. Ne soyez donc pas étonnés que, partant pour MURCIE, avec l'intention d'y passer l'hiver, je trouve souvent l'occasion de m'arrêter en route — notamment à l'antique SAGONTE déjà entrevue dans un voyage circulaire — et de décrire ce qu'offrent d'intéressant mes diverses étapes.

Entre toutes, celle de Perpignan à Port-Bou me rappelle les charmants souvenirs de l'âge auquel l'enthousiasme et l'illusion nous portant sur leurs ailes, on ne sent ni la fatigue, ni les privations, pourvu que l'esprit et les yeux soient satisfaits.

A cette époque déjà lointaine, la voie ferrée n'existait pas, même en projet ; mais par terre ou par mer, les principales localités qu'elle devait desservir un jour, m'étaient familières et j'en avais apprécié les beautés naturelles ou artistiques. Revoyons-les ensemble, si vous voulez-bien.

Elne, au milieu d'une vaste et riche plaine, dresse sur un côteau les deux tours de sa cathédrale et s'enorgueillit de son magnifique cloître de marbre blanc, moins ancien mais plus homogène que celui d'Arles.

Collioure endormie au fond de son anse qu'entourent des montagnes escarpées, met ses riches vignobles, ses dattiers et ses orangers, sous la protection de ses forts et de la vieille tour romane de Madeloc, nommée aussi Tour du Diable. Ici déjà, l'on se sent dépaysé, non-seulement par ce qu'on voit d'étrange, d'exotique, mais encore par le rude catalan qu'on entend : *Jo te crek!* C'est un avant-goût de l'Espagne !...

Port-Vendres a ses Transatlantiques et son phare de première classe, qui signale au loin le cap Béar aux navigateurs ; Banyuls — cet heureux pays du grenache et du rancio — leur offre l'hospitalité de sa gracieuse baie, quand le mistral fait rage sur nos côtes et renverse les trains de Fitou à la Nouvelle (1).

Cerbère est fier du Sanatorium qui l'avoisine et de son nouveau sanctuaire ; Port-Bou doit le sien à la munificence de M. Planas, directeur de la ligne de « Tarragone à Barcelone et France. »

C'est en été, de grand matin, qu'on peut mieux apprécier le charme de ce pittoresque parcours. A gauche, la mer

---

(1) Le fait s'est produit deux fois.

« immense et sans limite » (cliché de l'*Africaine*), frange d'argent le sable des nombreuses calanques qu'elle creuse depuis des milliers de siècles dans les falaises de granit. Le soleil émergeant radieux de la nappe azurée, dore la voile du pêcheur matinal et réveille les groupes de goëlands balancés par la houle. A droite, se profilent les capricieuses dentelures des Albères ombragées par des chênes-lièges au tronc sanglant; et là-bas, déjà au loin en arrière, se dressent les orgueilleuses cimes de l'incomparable Canigou.

Le long de la voie, l'œil est récréé par des touffes de cactus, de figuiers de Barbarie ou d'aloès en fleur, dont la hampe s'élance en forme de candélabre, — végétation exotique qui a sans doute inspiré Dumas, quand il a dit: « L'Afrique commence aux Pyrénées. » Mais voilà!... Les Espagnols ont cru qu'il les traitait de sauvages ou tout au moins de moricauds, et ils ne le lui ont jamais pardonné.

De crique en crique, de tunnel en tunnel, nous voici à Cerbère ; hâtons-nous d'y déjeuner: il sera toujours temps de goûter la cuisine à l'ail et à l'huile rance de nos voisins. D'ailleurs, vous aurez assez à faire avec la visite des bagages et le change de la monnaie; mais, croyez-moi, contentez-vous de quelques *pesetas* pour l'arrivée à Barcelone, où loin d'exiger une commission, on vous donnera 6 0/0 de vos billets de banque.

Les douaniers espagnols (*carabineros*) ne sont ni plus ni moins aimables que ceux des autres nations ; mais la gendarmerie (*guardia-civil*) avec ses grandes guêtres de drap noir et le claque tronqué, recouvert en été d'une cornette blanche, porte tout d'abord un peu à rire; mais ne vous y hasardez pas!...

A Llansa, une dernière échappée sur la mer laisse entrevoir le Cap de Creus (des Croix) et son îlot. Bien à tort, certains géographes ignorant le catalan, l'appellent le cap Creux; je vous assure qu'il est, au contraire, très massif et très proéminent. A l'horizon, le long panache de fumée d'un paquebot semble répondre amicalement à celui du train et nous souhaiter un bon voyage : « *Vaya usted con Dios!* »

De Figuières, on a une belle vue rétrospective sur les Pyrénées en ce moment couvertes de neige et rutilantes de soleil. Maintenant, c'est Gerona, vieille place-forte aux trois-quarts démantelée, dominée par sa cathédrale à laquelle on accède par un large perron de quatre-vingt-six marches.

Dans la ville basse traversée par l'*Oñat*, les maisons trempent directement les pieds dans l'eau — quand il y en a! — tout comme des palais vénitiens. A la Calle Mayor, elles appuient, au contraire, sur de nombreuses arcades, leurs façades ornées de fenêtres géminées du Moyen-âge ou de la Renaissance.

La Collégiale de San Feliu, malgré sa tour octogone, flanquée d'aiguilles gothiques, et sa flèche élancée, ne me semble pas aussi curieuse que deux chapelles romanes situées hors les murs. La plus ancienne, *San Pedro*, a un petit clocher cylindrique, orné à différente hauteur, de deux cordons de dents de loup à plat, l'un noir et l'autre blanc, d'un effet très original. Quant à la seconde, dont on n'a pu me dire le nom, elle aurait dépendu, paraît-il, d'un ancien couvent de Capucines.

Sur la façade d'une maison de pauvre apparence, on voit au-dessus de la porte, une pierre sculptée dont le sujet rappelle les supplices des premiers martyrs de la foi chrétienne : une femme terrassée par un lion prêt à la dévorer. Pourquoi, au lieu d'être ému, ai-je pensé à l'enseigne de certain cordonnier montrant une botte dans la même situation.?

« Tu peux me déchirer mais non pas me découdre ! ».

Terminons, par une visite au Jardin public qu'entoure un large fossé plein d'eau — luxe inouï en Espagne ! — et reprenons le train jusqu'à *Empalme* (Embranchement) en souhaitant de suivre la ligne du littoral autrement intéressante que celle de l'intérieur. De la sorte, nous verrons de riants villages et d'immenses usines avec leurs plantureux jardins, s'approcher tellement de la mer, qu'il reste à peine assez d'espace à la voie, sur cette plage encombrée de bateaux tirés à sec, de filets ou de voiles en réparation, de corbeilles de poissonniers ou de maraîchers. Ici, fume la marmite de brai pour le radoub d'une vieille carène ; là, cuit la popote du pêcheur endormi sur le sable, le ventre au soleil, tandis que le paysan sybarite fume la cigarette, à l'ombre des orangers et des citronniers voisins. Rien ne saurait donner l'idée de la diversité et du mouvement de ces tableaux vivants et fugitifs, se succédant sans interruption jusqu'à Barcelone.

II

Barcelone et Tarragone

Voici quarante ans (!) que pour la première fois, en allant à Majorque et en Algérie, je fis escale à Barcelone. Je l'ai souvent revue depuis lors, et j'ai pour ainsi dire assisté à la transformation de cette magnifique ville, aujourd'hui la seconde… de France. Passez moi cette expression, les Espagnols eux-mêmes trouvant Barcelone *muy afrancesada*.

La dernière Exposition y a amené un assez grand nombre de nos compatriotes pour que je me dispense de la décrire par le menu. Qui ne s'est, en effet, promené sous les platanes de la Rambla, devant son gracieux marché aux fleurs; sous les palmiers du *Paseo Colon* ou dans les jolies allées du *Parque* ?... Qui n'a visité sa sombre et imposante cathédrale dont la façade est encore en construction, et son vaste théâtre du *Liceo* ?... Qui n'a parcouru cent fois la merveilleuse calle Fernando, les splendides boulevards de l'*Ensanche* (agrandissement) aussi beaux que ceux de Paris; ou la longue avenue de Gracia ?... Qui enfin, n'est monté au Parc de la Montagne, à Tibi-Dabo, ou à Vallvidrera, pour jouir de l'immense panorama de la ville et du port, de Monjuich et de la mer ?

Ayant peu de temps à consacrer, cette fois, à la capitale de la Catalogne, j'ai voulu combler une lacune des précédentes visites, en me rendant à *San Pablo del Campo* que Joanne ne mentionne point parmi les églises curieuses de Barcelone. Je lui en veux autant de cet oubli que de la faute lourde qu'il commet dans toutes ses éditions, en plaçant Séville sur la rive droite (*sic*) du Guadalquivir.

Et cependant San Pablo est une véritable perle d'architecture du moyen-âge. La façade gothique sur la rue, ne sort pas de l'ordinaire, mais celle qui donne dans la cour fermée par une grille, est du roman le plus pur, et le cloître offre une particularité que je n'ai encore vue nulle autre part : des arcades à cinq lobes imitant le genre mauresque et supportées par des colonnettes engagées, aux chapiteaux historiés.

Un sanctuaire à signaler aussi, c'est La Conception, transportée pierre par pierre à l'intersection des rues d'Aragon et de Lauria, près la tranchée du chemin de fer de Valence, sous le Paseo de Gracia. Espérons que lorsque je ferai le grand voyage — celui dont on ne revient pas — l'Eternel me tiendra compte des nombreuses visites que j'ai faites à ses temples : en Espagne, en Italie, en Suisse, en France, et même aux mosquées d'Algérie.

A l'heure du déjeûner, j'ai constaté avec douleur que les Espagnols en général ont fait peu de progrès dans la tenue à table; la plupart dans les hôtels et dans les restaurants, gardent le chapeau sur la tête, mettent les coudes sur la table et mangent avec le couteau — les dames aussi — qu'ils s'enfoncent dans la bouche jusqu'au manche. Tout cela ne serait rien si, entre chaque plat, ils ne fumaient une cigarette et le *puro* au dessert, à côté d'une femme, sans prendre seulement la peine de lui demander si ça la gêne.

Comme je m'en étonnais un jour, je reçus cette fière réponse : « C'est bon en France où le tabac sent la m....
« mais en Espagne il a un tel arome, que les dames nous
« savent gré de fumer à leur côté » (historique).

Il n'y avait plus qu'à tirer l'échelle et à m'en aller brûler en plein air mon puant londrès. Cet incident me fournit l'occasion de voir sur la Rambla un spectacle assez rare : l'arrestation d'un assassin ! Ce n'est pas que les meurtriers n'abondent en Espagne; mais ayant presque tous le talent de se réfugier en France, on en voit peu circuler les mains derrière le dos, entre deux gendarmes et deux municipaux. Néanmoins, les promeneurs n'en paraissaient pas trop surpris; quant à l'assassin, qui venait de tuer un pauvre garçon de vingt-quatre ans, son ami peut-être, il passait aussi tranquillement que s'il eût saigné un poulet.

Ce fut mon commensal, M. Vial, le célèbre pharmacien de Lyon, qui me le signala. Ayant le matin même, assisté à la scène, sur la colline de Monjuich, il s'était empressé de secourir le blessé, mais celui-ci avait presque aussitôt expiré dans ses bras. M. Vial devant partir le lendemain pour la France, je lui conseillai vivement de ne raconter à personne ce qu'il avait vu.

Bien que le train de deux heures pour Tarragone, atteigne à peine la vitesse de nos omnibus, c'est encore celui qui marche le mieux. Prenons-le donc et tâchez de vous endormir ; je ne vous réveillerai qu'à Altafulla, au moment de passer devant la *Torre de los Escipiones*, qu'on entrevoit sur un monticule assez éloigné. La tradition veut que ce soit là le tombeau des deux illustres frères romains : je n'y vois pas d'empêchement.

La première fois que j'aperçus Tarragone, ce fut de la haute mer, par un temps de chien. Le brick qui m'emportait vers Gibraltar et La Plata, serrait péniblement le vent avec deux ris dans les huniers, en courant sa bordée vers la côte. La ville se montra dans une éclaircie, fièrement campée sur la colline que couronne son imposante cathédrale, et je trouvai dans sa situation se détachant d'un fond de montagnes, une certaine analogie avec Béziers vu de *La Pasquière*. Ce fut une apparition quasi fantastique, mais si courte qu'elle ait été, j'en garde après quarante-six ans un souvenir précis.

Tarragone forme deux villes distinctes ; l'une basse et l'autre haute, reliées par une rue large et escarpée que gravissent lentement les tramways et les charrettes. Tout le mouvement commercial est naturellement autour du port, et c'est là que s'élèvent les constructions modernes ; ce qui n'empêche pas d'en voir d'assez belles dans la ville haute, des deux côtés de la Rambla, notamment vers le *Café del Centro*, rendez-vous de la colonie française.

A peine attablé, le soir, devant une tasse de thé, je fus surpris qu'un décrotteur m'offrît ses services dans la salle. Je refusai croyant à une facétie; mais rien n'était plus sérieux, et plusieurs *caballeros* se firent brosser et cirer, au milieu des consommateurs, qui avaient l'air de trouver la chose toute naturelle.

La Cathédrale occupe le point culminant de la ville. La façade gothique précédée d'un large escalier qui achève de mettre le touriste hors d'haleine, n'a d'intéressant qu'un grand portail ogival aux nervures superposées. Un pilier portant la Vierge avec l'Enfant, le divise en deux parties présentant de nombreuses niches occupées par les statues des apôtres et des prophètes.

L'intérieur que je me garderai de détailler ici, est d'une majesté saisissante. Il n'y a que les cathédrales espagnoles pour vous impressionner de la sorte; celles d'Italie, vastes boudoirs riches et coquets, n'inspirent que des idées mondaines. Le chœur renferme de précieuses sculptures sur marbre et sur bois, des orgues colossales et une *silleria* (sièges du chapitre) extrêmement artistique, dont ne peut vous distraire que le magnifique rétable en albâtre de la *Capilla mayor*. Les vitraux anciens du transept, plus élevé que le reste de l'église, et les tapisseries dans le goût italien dont on entoure, les jours de fête, les lourds piliers des trois nefs, exigeraient pour être convenablement décrits, un talent magistral dont Théophile Gautier a emporté le secret. Quant au cloître, merveille de l'art byzantin, il remplirait à lui seul un fort volume in-octavo; aussi vous en ferai-je grâce, si vous consentez à vous arrêter un instant devant la chapelle de *Corpus Cristi*, qui, dit-on, garde le cercueil de *Don Jaime el Conquistador*.

J'ai vu, il y a cinq ans, dans un atelier de sculpture, à Barcelone, une grande statue équestre de ce roi, destinée à orner une place de Valence; nous l'y retrouverons, si elle y est!

Non loin de la cathédrale, on rencontre — ou plutôt, on rencontrait, car maintenant elle est englobée dans les bâtiments du séminaire — une délicieuse chapelle romane sous le vocable de *San Pablo*.

Décidément, saint Paul joue de malheur avec M. Joanne car voilà la seconde fois que je le surprends dédaignant ou oubliant ses sanctuaires les plus coquets. Certes, ce n'est pas Murray, qui commettrait une pareille irrévérence : Les touristes anglais ne la lui pardonneraient pas.

En longeant les murs de l'archevêché, on arrive par une rue rapide à la *Puerta del Rosario* s'ouvrant sur un boulevard extérieur absolument désert; c'est là que s'élèvent les fameux *murs cyclopéens*, si chers aux archéologues. J'avoue pour ma part, n'être pas tombé d'admiration devant ces vénérables vestiges de l'époque celtique. Si quelque chose avait dû me renverser, c'eût été l'épouvantable odeur qui partait d'une excavation en contre-bas du sol, pratiquée dans l'épaisseur du mur pour la satisfaction des gens pressés. On y a mis enfin une grille de fer, et désormais on pourra contempler la *Puerta del Socorro* sans se boucher le nez.

De ce boulevard, la vue s'étend sur la riante plaine de Reus, limitée au loin, du côté de Montblanch, par la *Sierra de Prades*; autre analogie avec Béziers, car ce point de vue rappelle, dans de plus grandes proportions, celui de la muraille de la Tour sur la vallée de l'Orb et la chaîne de l'Espinouse.

III

El Parador de San Joaquin

De Tarragone à Valence, on compte vingt-sept stations, et le train mixte du matin, n'en rate pas une seule : Il y a là de quoi faire réfléchir un touriste qui n'est plus de la première jeunesse. Aussi, ai-je décidé de descendre à la vingt-quatrième, c'est-à-dire à SAGONTE, même au risque d'y être fort mal hébergé ; de la sorte, j'éviterai de revenir sur mes pas demain, et je me reposerai cinq quarts d'heure plus tôt.

Ce long trajet est en somme peu intéressant. En quittant Tarragone, le train suit le littoral et s'élance — sans trop d'ardeur — à travers le fertile *campo* qu'attriste en ce moment l'approche de l'hiver. A Ampolla cependant, on peut mettre la tête à la portière pour une jolie baie dont les flots bleus caressent le sable d'or de la plage. Il n'y a là que quelques masures de pêcheurs et un refuge pour les chebecs ou les balancelles des caboteurs et des contrebandiers ; mais des collines bien cultivées et les bois qui les ombragent, forment à ce site un gracieux encadrement.

Vers midi, on arrive à Tortosa, ville d'un aspect grincheux, entourée de fortifications importantes, qui remontent, dit-on, aux Romains : On n'y déjeune pas mieux pour cela !

Traversons l'Ebre et filons — tranquillement — sur Castellon de la Plana, en saluant au passage Vinaroz et Benicarlo, gros bourgs renommés pour leur vignobles. Les vapeurs viennent embarquer assez difficilement les vins sur ces plages inhospitalières, et ils y rapportent, ensuite, les fûts vides, qui jetés tout simplement à la mer, quand règnent les vents du sud, regagnent seuls le rivage. J'ai assisté une fois, à cette amusante opération, à bord de l'*Amalia*, bateau espagnol qui m'avait gracieusement pris à Cette, et qui au retour me laissa à Tarragone : On n'est pas plus aimable.....

A sept heures et demie, le train stoppe enfin à la station de SAGONTE (*aliàs* Murviedro); je descends vivement et m'enquiers d'un gîte pour la nuit. On m'indique en face la gare le *Parador de San Joaquin*, et comme je demande si c'est le meilleur, on me fait croire qu'il n'y en a pas d'autre.

— Bigre!!! dis-je en entrant.

Ah! mes amis, si vous aimez la couleur locale, pour le coup, vous serez satisfaits!...

A l'angle de la place et d'un chemin, de hautes et larges portes ouvertes à deux battants, donnent accès des deux côtés, dans une salle servant à la fois de buvette et de restaurant.

L'unique lampe au schiste qui l'éclaire, lutte de fumée avec les *puros* et les cigarettes des habitués et des clients de passage. Le bruit des conversations est dominé par le ronron de l'inévitable guitare et par une voix blanche, mais nasillarde et traînante, qui improvise une *petenera* (1) sur les charmes de Pepita ou de Casilda.

Ce sont des *campesinos* et des *arrieros* (campagnards et muletiers) venus là pour manger la traditionnelle *paella* ou déguster l'anisette et la rude eau-de-vie du pays. Les uns sont coiffés de sombreros à larges bords; les autres ont simplement noué autour de la tête un mouchoir bleu à fleurs rouges; tous portent, sur le gilet entr'ouvert, une ceinture voyante, rarement veuve de la piquante *navaja*, et s'embossent dans une mante élégamment drapée.

---

(1) Nom donné en Andalousie à des couplets érotiques.

Je reconnais les paroles du couplet qu'attaque le chanteur :

> *Madre mia, que me matan,*
> *Y' no me puedo valer;*
> *Son los negros asesinos*
> *Los ojos de esa mujer!*

(O ma mère! on me tue et je ne puis me défendre ; ce sont les noirs assassins, les yeux de cette femme!)

Bien que pareil spectacle ne fût pas nouveau pour moi, tous ces gaillards à face basanée et rébarbative, qui ont plutôt l'air de brigands ou de contrebandiers que d'honnêtes gens, ne laissaient pas que de m'inspirer une médiocre confiance. J'étais là, planté au milieu de la salle enfumée, ma sacoche à la main et mon plaid sur l'épaule, ne sachant trop à qui m'adresser, quand l'hôtesse, une blonde (*rara avis*) d'une trentaine d'années, vint me montrer en souriant les quelques dents bleuâtres qui lui restaient, et m'indiquer l'escalier du premier étage.

Elle me conduisit tout droit à une chambre qui, par sa simplicité plus monacale que celle de Charles-Quint à *San Yusto*, répondait dignement à la nudité des murs de la salle basse. Je fus surpris de voir la fenêtre fermée par de simples volets — détail fréquent d'ailleurs, comme j'ai pu m'en assurer plus tard, dans la campagne de Valence et jusque dans ses faubourgs ; — mais en voyage, on s'accoutume à tout, même à se passer de vitres, si le lit est propre et bon. J'avoue que sous ce double rapport, le mien semblait irréprochable ; en revanche, le mobilier se composait seulement d'un lavabo avec support en fer, d'une petite table fatalement boiteuse et d'une chaise suspecte. Je réclamai une descente de lit ; on m'en apporta une superbe en sparterie ; et sur la simple observation que je ne pouvais pas mettre mes vêtements à terre, ou accrocha au mur une *percha* à trois têtes.

Ces précautions prises et les ablutions terminées, je fus invité à passer à table..... dans la cuisine. Celle-ci formait une sorte de tribune en saillie sur la salle basse dont le coup-d'œil, à ce moment-là, était très curieux à cause des types caractéristiques qu'elle renfermait : le décor de *Carmen* au deuxième acte. — L'hôtesse m'expliqua que j'aurais l'honneur de dîner à part, avec *un caballero muy distinguido*, qui ne voulait pas se mêler à la cohue du rez-de-chaussée.

En l'attendant, je m'assis sous le vaste manteau de la cheminée, à côté d'une fillette de sept à huit ans, qui berçait sur ses genoux son petit frère emmailloté; elle surveillait en même temps la popote de M. le cochon et la nôtre cuisant fraternellement côte à côte. Le porc, bien sûr, n'en était pas plus fier pour cela — ni moi non plus...

Le *caballero* que le hasard me donnait pour commensal, était un cuistre en lunettes, grave et solennel, — ceux-là sont toujours les plus bêtes — qui reconnaissant à mon accent ma qualité de Français, daigna me faire savoir qu'il avait quelque peu étudié mon *idiome*. A peine assis, il prit sa fourchette et me la montra en disant d'un air capable : « *La Fiancée!* » Je faillis éclater de rire. D'où diable avait-il tiré ça?... J'essayai de le détromper mais inutilement, et j'ai bien peur qu'un jour, le pauvre homme finisse par épouser... sa fourchette.

La table, à ma grande surprise, était convenablement dressée : linge damassé, verres sans pied mais en cristal taillé, couverts en *vrai ruolz*, assiettes en faïence fleurie, carafes brillantes; je n'en revenais pas!... Restait à voir le menu... Eh bien! ma foi, quoique improvisé, il fut très présentable, et je soupçonnai Dª Margarita, la blonde hôtesse, d'être un cordon-bleu retiré du service de quelque grande maison. Un potage de vermicelles, de beaux rougets, des œufs sur le plat avec saucisses du pays, un poulet rôti et une salade de laitues romaines, nous furent servis tour à tour. Le dessert se composa de figues, — celles de Sagonte ont dès là plus haute antiquité, joui d'une grande réputation — d'amandes, de raisins dorés et de succulents melons de la précédente récolte. On les conserve en les suspendant à tous les planchers des maisons par des cordelettes en sparterie, et c'est un assez réjouissant spectacle pour l'étranger de se promener sous ces treilles et ces melonnières factices. Des citrons doux, confits au sucre, font une délicieuse confiture dont vous eussiez comme moi, positivement redemandé : ce fut le *clou* du dessert.

Le lendemain, à déjeuner, nous eûmes enfin la fameuse *paella*, mets local très estimé avec juste raison, quand il est bien préparé. Il consiste en fragments de volaille au riz avec accompagnement de bouts de saucisse et de boudin, de moules et de clonisses, le tout coloré au safran et suffisamment épicé. Heureusement, le vin était bon et le café tolérable. Total de l'addition, couchée et deux repas : Cinq francs !.... C'était pour rien.

Après cette description gastronomique, vous allez sans doute me prendre pour un homme porté sur sa bouche ; mais que voulez vous ? On ne vit pas que d'art et d'eau fraîche.... Nous aurons bien le temps, à propos de Sagonte, de faire des descriptions autrement indigestes que les menus ci-dessus. Tout vient en son temps.

IV

Los Ruinas de Sagonte

Oui, tout vient en son temps ! c'est ce que je me disais, hier au soir, en me promenant sur le chemin qui passe au pied de l'antique *Castillo* fantastiquement éclairé par la lune. Au retour d'un voyage circulaire, je rentrais par Valence avec l'intention de m'arrêter ici quelques heures ; une autre volonté que la mienne a retardé de neuf ans l'exécution de ce projet !... Mais cette fois, à moins d'un tremblement de terre qui ferait effondrer, pendant la nuit, l'ancienne citadelle des Scipions ; ou bien encore — il faut tout prévoir en voyage — à moins de mort subite ou violente, je visiterai demain les ruines de Sagonte.

En attendant, je dévorais des yeux ces murs crénelés qui s'étendaient sur la haute colline, et il me tardait que le soleil vînt les éclairer pour m'en permettre l'accès. Heureusement, la fatigue me procura un paisible sommeil jusqu'au petit jour et trompa ainsi mon impatience ; néanmoins, quand le guide que, la veille, j'avais fait demander, heurta à ma porte, j'étais déjà sur pied, contemplant le panorama de la campagne et de la mer.

Mon balcon s'ouvrait sur des jardins remplis d'orangers, de citronniers, de mandariniers et de dattiers chargés de fruits, d'eucalyptus au feuillage glauque, de cèdres-déodoras et d'araucarias-excelsas, aux branches étagées comme les vasques d'une fontaine monumentale. Une brise tiède, embaumée, entrait dans l'humble chambre d'auberge inondée de soleil et me dilatait les poumons ; c'était le printemps au mois de décembre !

El Castillo. — La ville de SAGONTE plus longue que large, se développe dans un étroit vallon qu'arrose le *Palancia* et que domine à l'ouest la chaîne des monts Elubèdes. Du côté opposé, s'élève une colline de plus d'un kilomètre d'étendue et d'une centaine de mètres de hauteur, présentant dans le milieu une vaste échancrure arrondie. C'est sur cette colline pittoresque que se profile la vénérable enceinte du Castillo. On met environ vingt minutes pour la gravir par un chemin en lacets, qui laisse à droite l'antique Théâtre et va aboutir à un pont-levis gardé par des soldats. Le chef de poste me barra le passage en me demandant si j'avais une permission du colonel. Comment l'obtenir à pareille heure? L'idée m'étant venue d'exhiber un carnet aux armes d'Espagne et ma carte d'ex-Vice-Consul, on me donna pour m'accompagner dans ma visite, un soldat qui ne me quitta pas plus que mon ombre.

Pendant l'ascension, j'avais été sincèrement ému en contemplant ces hautes murailles couronnées de créneaux et semées de meurtrières, confondant souvent leurs puissantes assises avec le roc; ces vieilles tours de l'époque romaine, ces bastions gothiques ou moresques sur lesquels tant de siècles ont déjà passé, y inscrivant en lettres de sang l'histoire de cent générations. Je m'attendais à être plus vivement impressionné encore à l'intérieur; mais au premier coup d'œil, cette illusion s'envola, et mon enthousiasme se refroidit.

Au lieu de trouver là — comme ça devrait être — un musée épigraphique, une collection de statues, de bustes, de poteries, d'armes et de médailles, on ne voit que des pierres sans valeur artistique, couchées dans l'herbe, on ne vous montre que deux ou trois citernes et un puits, dont l'eau — chose rare à pareille altitude — monte à deux mètres près du sol.

Je m'assis un peu déçu sur les marches d'un escalier conduisant au chemin de ronde, et ouvrant mon calepin, la date du 5 décembre frappa mon regard. Étrange coïncidence! Il y a 38 ans aujourd'hui que les sbires du coup d'État m'arrêtaient à Paris et me conduisaient, dans la voiture des galériens au fort de Bicêtre, dont les murs pour n'avoir rien de cyclopéen n'en étaient pas moins solides. Un instant, il me sembla être encore détenu, et je revis quelques uns de mes compagnons d'infortune. Le pantalon rouge du soldat qui m'accompagnait, donnait à ce retour sur ma jeunesse, un pénible semblant de réalité.

Au lycée, autre caserne, — j'allais dire autre prison — on nous a appris que le siège de SAGONTE fut cause de la seconde guerre punique. C'est, du moins, l'avis de Strabon; mais j'avoue qu'à l'âge de douze ans, une partie de barres ou de billes me paraissait autrement intéressante que tous les récits de Polybe et de Tite-Live que j'aurais volontiers envoyés à tous les diables, en m'écriant :

« Qui nous délivrera des Grecs et des Romains ? »

Y a-t-il cependant rien de plus lamentable, de plus poignant, que la description de ce siège mémorable?

« Les vieillards, les femmes et les enfants, dit D. Esteban Hernandez y Fernandez, dans son *Historia de España*, se réunissent sur la place publique où on avait allumé un immense feu; et après y avoir jeté toutes leurs richesses, ils s'y élancent eux-mêmes, tandis que le petit nombre d'hommes encore capables de manier les armes, se ruent sur les Carthaginois, engageant une lutte qui ne finit qu'avec la vie du dernier soldat sagontin. Quand les troupes d'Annibal purent enfin entrer dans la ville (1), SAGONTE était convertie en un

---

(1) L'an 219 avant notre ère.

monceau de ruines et de cadavres, donnant le premier exemple de cette indomptable fierté qui a toujours distingué le peuple espagnol. »

Silius Italicus, poète et géographe, explique en ces termes l'étymologie du nom de cette héroïque cité : « Non loin
« de la plage, se lèvent les murs herculéens de Sagonte, sur
« une haute colline, auxquels Zacintho enseveli au sommet,
« avait donné son nom. »

Je traduis textuellement ce pathos et ses inversions brutales.

Zacintho (*Zacunthos*) était fils de Dardanus. C'est lui, qui, d'après la légende, serait venu à la tête de Grecs orientaux, former un établissement colonial à Sagonte. Le nom seul de cette ville : *Sagyntum*, *Sagynto*, *Sagunto* en espagnol, semble donner créance à cette opinion, malgré la différence d'écriture, étant donné surtout que les Romains confondaient l'Y avec l'U et le C avec le G. Quant à nous, si de *Sagunto* nous avons fait Sagonte, c'est parce que nous prononçons le latin d'une manière absurde.

En l'état actuel de la science historique, il n'est pas possible d'affirmer catégoriquement quel fut le peuple qui éleva les constructions mégalithiques de Sagonte. « On crut
« d'abord, dit D. Antonio Chabret, dans sa remarquable
« étude archéologique sur cette cité, que c'étaient les Pélas-
« ges ou Grecs primitifs, qui avaient construit les monu-
« ments colossaux de Tarragone et de Sagonte; mais en
« observant plus tard que tant en Asie, qu'en Afrique et en
« Europe, on voyait des constructions gigantesques, il a
« fallu renoncer à cette opinion. » (1) La main de l'homme est, en effet, impuissante à soulever le voile du passé, et

---

(1) Historia de Sagunto.

toutes ces origines se perdent malheureusement dans la nuit des temps.

Au moyen-âge, les Maures utilisèrent le *Castillo* comme défense avancée de Valence, car c'était une position stratégique très importante pour garder les passages de Catalogne et d'Aragon. Aussi, existe-t-il des bastions qui continuent de porter des noms arabes (1). Ces fortifications ont été dénaturées pendant les guerres de l'Union, de Succession et de l'Indépendance; mais la vieille enceinte conserve d'intéressants vestiges de sa haute antiquité; et l'archéologue, comme l'artiste, peut encore y étudier tous les divers systèmes militaires de défense des divers peuples qui ont dominé dans le pays. Les murailles cyclopéennes rappellent les Ibères; les superbes murs et les tours en pierres de taille fabriqués avec grand art, les Romains; les remparts de béton avec leurs portes en fer-à-cheval, les Arabes. Les Catalans et les Aragonais se reconnaissent dans ces murs de torchis avec leurs tours crénelées et leurs créneaux en croix.

---

(1) Les musulmans s'emparèrent de *Sagonte* en 713 et la conservèrent jusqu'en 1238, sous le nom de *Murbiter*, d'où on a fait *Murviedro*. En 1868 le Gouvernement provisoire de Serrano lui rendit son ancien nom; il ne figure néanmoins que depuis peu de temps dans les Indicateurs des chemins de fer de la Péninsule: ceux de septembre 1880 portaient encore Murviedro.

La prise de *Sagonte* par les Arabes précéda de quelques années seulement, l'époque de la grande invasion de la Septimanie. C'est, en effet, en 724 que Alahor-ben-Abderrhaman s'empara de Narbonne, Béziers, etc, parcourut le midi, du Rhône à la Garonne et rentra en Espagne.

Son successeur, Alzamah ben Mélok, périt au siège de Toulouse, et fut remplacé par Ambiza ben Schin, qui, en 725, s'empara de Carcassonne, Béziers, Nîmes et pénétra jusqu'en Bourgogne. Si je donne ici les noms des walis sarrasins qui prirent et reprirent Béziers, c'est parce qu'ils ne figurent ni dans nos Histoires locales (Julia et Sabatier) ni dans le Bulletin de notre Société archéologique ni dans l'Histoire du Languedoc. Le hasard me les a fait trouver à la bibliothèque de l'Université de Valence, en étudiant l'époque de l'invasion musulmane, et je ne crois pas devoir les garder pour moi seul.

Le guide, qu'on m'avait donné pour un merveilleux cicérone, m'expliquait tout cela en détail et avec amour. Si j'eusse connu la sténographie, j'aurais pu avec tout ce qu'il m'a dit, ce jour là, faire une intéressante monographie de Sagonte : je n'aurais eu qu'à y mettre de la méthode et, si possible, du style. En l'écoutant, je regrettais que la France n'eût pas un Viollet-Leduc à envoyer ici comme à la *Cité* de Carcassonne, pour réparer les ravages du temps et plus encore les sottises des hommes, qui, par ignorance ou mauvais goût, ont défiguré l'œuvre antique. Néanmoins, telles qu'elles sont aujourd'hui, ces ruines vues d'en bas, soit de la gare, soit de la ville, produisent un tel effet, qu'en les regardant on se sent envahi par la mélancolie autant que par l'admiration.

Théâtre — C'est grâce à feu le Docteur Palos, ancien Conservateur des monuments de Sagonte, que le Théâtre romain a été préservé d'une entière destruction. On l'a entouré d'un mur protecteur, et cette enceinte est fermée par une porte dont la clé, sur la demande des visiteurs, est apportée par une bonne femme du voisinage. Les restes de cet intéressant monument — qui me rappelle ceux d'Orange d'Arles, d'Herculanum et de Pompéi, — sont enclavés dans un coude formé par le penchant septentrional de la colline, à 80 mètres environ au-dessus du niveau de la mer. Le corps de l'édifice s'y appuyant directement, les marches ont été taillées en beau calcaire azuré dans le roc même, qui par sa masse abritait du soleil les spectateurs et permettait, en revanche, l'accès au vent d'Est rafraîchissant en été et doux en hiver. En outre, de cette hauteur, le public dominait le centre de la ville et le beau panorama que j'ai déjà décrit : la campagne fermée au nord par les monts Idubèdes, et au levant, par le port avec son fameux temple de Vénus dont nous reparlerons plus tard.

Le Théâtre comprend encore deux parties bien distinctes; l'une rectangulaire ou la scène; l'autre semi-circulaire ou l'amphithéâtre. L'orchestre se trouvait au rez-de-chaussée dans un hémicycle formé par le premier gradin; et à chaque bout comme au centre, ce monument n'étant pas couvert, il y avait un égout pour l'écoulement des eaux pluviales. Des six portes carrées qui donnaient accès aux gradins, il n'en reste que quatre en mauvais état, mais d'un aspect encore imposant. L'une d'elles, était dit-on, réservée aux courtisanes. Le cicérone me fit remarquer dans les murs construits en cubes plus longs que larges, assez inégaux entre eux, mais d'un travail régulier, quelques files de briques qui étaient selon lui une simple ornementation.

Toutes les guerres précitées avaient été fatales à l'homogénéité des fortifications; mais celles de l'*Indépendance* fut plus funeste que toute autre au Théâtre, attendu que pour fortifier la ville contre l'attaque des Français, on commença (le 7 août 1811), la démolition du portique et des gradins supérieurs, faisant ainsi disparaître avec une inconcevable barbarie la plus belle partie de l'œuvre.

Les ingénieurs militaires, il faut bien en convenir, ne furent pas seuls coupables de cette odieuse mutilation; car les Sagontins poussèrent le vandalisme jusqu'à arracher beaucoup de pierres de ce précieux monument pour construire leurs maisons.

« La sévère critique, dit D. Antonio Chabret, en fait re-
« monter la construction au IIIme siècle de notre ère, époque
« à laquelle les Romains commencèrent à bâtir en petits
« appareils. »

Voilà certes une origine d'une ancienneté suffisamment

respectable ; aussi, quelle effroyable quantité de pauvre poussière humaine a dû s'accumuler depuis lors autour de ces puissants gradins : Le Temps l'a dispersée de son souffle, et sous sa redoutable faux, il a détruit cet orgueilleux empire qui portait la civilisation sur toutes les rives de la Méditerranée : de la Gaule à la Berbérie, de la Judée à l'Andalousie. O Trajan ! qu'en reste-t-il aujourd'hui ? La botte italienne, et çà et là, dans ta première patrie, quelques pierres effritées !...

Le Cirque. — Entre les vestiges de l'opulence de la Sagonte romaine, le Cirque montre encore quelques murs noircis, à côté du *Palancia*, suivant la direction de son cours de l'ouest à l'est, derrière les anciens couvents de *San Francisco* et de la *Trinidad*. Le guide voulait m'y entraîner; mais me rappelant la longue course inutile que je fis un jour, à Rome, sans voir les prétendus restes d'un temple de Vénus, à côté de *Santa Croce in Gerusalemme*, je fis la sourde oreille, aimant mieux me reposer.

Temple de Vénus. — Le cicérone profita de ce temps d'arrêt pour m'affirmer que partout, en effet, on trouvait des débris de monuments élevés en l'honneur de la fatale déesse. Pour me consoler de ma déception à Rome, il me promettait de me montrer positivement sur une colline, près de l'ancien port de SAGONTE, d'importantes ruines d'un temple dédié à Vénus-Aphrodite. Je lui répondis que près de chez nous, au village de *Vendres*, on trouve de pareils vestiges; et qu'à Béziers même, l'église de *Saint-Aphrodise*, ouvre le champ aux mêmes suppositions que *St-Denis*, dont le nom rapelle le culte de Bacchus (*Dionisios*). Les deux saints ayant porté processionnellement dans leurs mains, leur tête tranchée, on conviendra qu'il n'y a rien de forcé dans ce rapprochement légendaire.

Temple de Diane. — Selon de très anciennes traditions recueillies par Lucius Cornelius Bocchus, la fondation d'un temple de Diane à Sagonte, remonterait à l'époque de la colonisation grecque sur les côtes méridionales de l'Ibérie, 200 ans avant la guerre de Troie. Par malheur, on ignore son emplacement. Pline le Jeune, qui le vit dans ses fréquents voyages sur le littoral méditerranéen, signale sa situation dans la partie basse de la ville (*infra oppidum*) et tient pour merveille les bois de genévriers incorruptibles de sa primitive construction qui existait encore de son temps.

La vénération d'Annibal sauvant cet antique sanctuaire de la voracité des flammes qui embrasaient l'héroïque cité, quand ses Africains y pénétrèrent, ajouta à son renom. Mais en somme il n'en resterait que le souvenir, si D. Francisco Llansol de Romani, citoyen de Valence, qui vivait dans la seconde moitié du XVIme siècle, n'assurait avoir vu à Sagonte, sur une porte, l'inscription : « *Templum Dianæ* » Mais cette pierre elle-même, qu'est-elle devenue ?.. Personne n'a pu me le dire.

En outre, le prince Pie dont les savantes études font loi, dit que ce monument était au bord de la grande place, sur l'église, en face du clocher, hors les murs de la ville. Là, il existe encore des fragments d'inscriptions et entr'autres celui qui porte : « *Dianæ..... cultorum* (des dévots de Diane). Il a environ 36 centimètres de haut sur 80 de long.

Maison romaine. — Hors les murs de la ville, dans le faubourg de *la Rasela* où les Maures de Murviedro firent leur résidence pendant le XVme siècle, on voit encore une maison portant le n° 23, avec deux tiers de sa construction de l'époque romaine. Dans le haut de la façade, saille un machicoulis qui défendait la porte en arc surbaissé ; et à différentes hauteurs, des meurtrières en forme de demi-lunes, s'ouvrent dans le sens horizontal. L'intérieur comme l'extérieur a été bêtement défiguré par l'ignorance des propriétaires successifs de cette maison qui, d'après la tradition, communiquait avec le Castillo par un souterrain.

Maison de l'Evêque : *Salon Mudejar*. — Dans la *calle Mayor*, on remarque une maison portant les numéros 19, 21 et 23, dont la façade présente deux croisées à triple baie, de style arabe, dont les élégantes colonnettes monolithiques soutiennent des arcs trilobés. C'est là qu'au XIIIme siècle, le chapitre de Valence tenait l'administration des rentes de la dîme de Murviedro. Les rois d'Aragon y logeaient pendant leurs fréquents voyages, et beaucoup d'épisodes s'y sont déroulés, notamment sous le règne de *Don Pedro del punyalet*.

La salle du premier étage, seule partie de l'édifice qui conserve des traces de son antiquité et de sa magnificence, était éclairée par les deux croisées arabes ci-dessus mentionnées. Le temps et la stupidité des badigeonneurs ont éteint les couleurs de cette chambre aujourd'hui coupée par des cloisons aussi malencontreuses que celles qui défigurent la grande salle des Pas-perdus de notre Tribunal (1).

Une frise de bois, courant tout autour de la partie supérieure et reposant sur d'élégantes consoles, porte une légende arabe avec beaucoup d'ornements; le guide me l'a traduite ainsi :

« *La reconnaissance est pour Alhah et le royaume est d'Alhah* »

Des écussons nobiliaires occupent les espaces entre les solives, et trois colonnes sveltes appuient la charpente par leurs larges chapiteaux capricieusement sculptés. Le plafond

---

(1) Grâce à l'initiative de notre nouveau Président, M. Aubert, cette salle vient d'être rétablie comme au temps de nos derniers Evêques.

à caissons conserve de nombreuses traces des vives couleurs et des brillantes dorures qui l'embellissaient dans le principe; cela fait d'autant plus regretter que la municipalité de Sagonte ne fasse pas au salon de l'Évêque des restaurations aussi intelligentes que celles du Gouvernement au palais de l'Alhambra, à Grenade.

On ne connait pas la date certaine de l'élévation de la curieuse maison de la rue de la Raseta, mais l'observation des restes artistiques qui la décorent, porte naturellement à supposer qu'elle remonte à la fin du XIIIme siècle ou au commencement du XIVme, époque à laquelle les architectes arabes dirigeaient les constructions des magnats d'Aragon, leur imprimant le sceau de leur riche fantaisie avec le style connu en Espagne sous le nom de *mudejar* (1).

Epigraphie. — Il n'entre pas dans notre cadre de passer en revue toutes les inscriptions ibériques, romaines ou hébraïques signalées par les voyageurs espagnols ou étrangers. Il suffira de dire que D. Vicente Boix, savant archéologue dont Sagonte s'honore, en a réuni un grand nombre dans la nouvelle enceinte du Théâtre. On en connaissait 138 latines avant que Hübner, le plus célèbre épigraphiste des temps modernes, publiât son *Corpus inscriptionum latinarum* (vol. 11), qui se trouve aujourd'hui dans les principales bibliothèques publiques d'Europe, et notamment dans celle de Béziers. D. Antonio Chabret en a découvert dix-huit d'inédites, et il en a ajouté deux à la section ibérique.

Numismastique. — Les savants ont longtemps cherché, sans pouvoir s'accorder, la signification de l'épi-

---

(1) Nom donné aux Arabes restés mahométans et faisant la guerre à leurs compatriotes insoumis.

grapho ibérique qui caractérise les médailles autonomes, de Sagonte. « Depuis Lastanosa jusqu'à Boudard, dit D. Antonio Chabret, c'est-à-dire dans l'espace de deux siècles (de 1649 à 1859), on n'avait pas encore fixé la lecture du dit nom, et de là, la signification que chacun lui attribue. »

Aujourd'hui, tous les archéologues sont d'accord (!) que ce mot doit être lu ARSE et non RDSE, comme l'a écrit Boudard dans son très remarquable *Essai sur la Numismatique ibérienne* (Paris 1859). Le premier nom a du moins l'avantage de signifier quelque chose, car on peut y voir la corruption du latin *arx, arcis* : citadelle; mais la difficulté consiste maintenant à vérifier si ce nom ibérique de *arse* était celui de la cité sagontine, ou seulement celui de l'ancien château où se trouvait l'atelier monétaire. Attendons patiemment que la lumière se fasse sur cette importante question.

Dans les trois premières périodes de l'émission ibéro-romaine à Sagonte, le type du Taureau dans les monnaies d'argent, forme d'après les plus savants numismates, une classe qui se distingue du reste de l'Espagne à pareille époque.

L'unité de valeur et de poids entre les monnaies de la région et celles de Marseille, et jusqu'à leurs divers symboles, portent à croire avec toute probabilité que la colonie grecque de Sagonte fut soumise à la Massaliote, ou tout au moins grandement influencée par elle. Une barque seule ou couronnée par une Victoire, le Caducée de Mercure, le Dauphin, la Coquille, etc., sont, en effet, les divers symboles des médailles sagontines.

L'an 612, le roi Sisebetus battit monnaie à Sagonte ainsi que dans d'autres villes d'Espagne. Ce très rare échantillon, et presque tous ceux de cette série, étaient d'or, avec l'inscription Sisebetus rex, et le buste du roi, de face, sur un côté de la médaille ; la même effigie se répétait à l'envers avec la légende : Giustvo Sagvnto.

Céramique. — Les poteries de Sagonte eurent, au dire des écrivains de l'antiquité, un tel renom dans tout l'empire romain, que cette ville fut mise au premier rang de l'industrie céramique. Pline, Juvénal et le poète Martial en recommandent très spécialement la vaisselle d'argile, qui, par sa solidité, son élégance et son bon marché pouvaient défier la concurrence des produits étrangers. Les ornements et la correction de leurs dessins prouvent que les artistes sagontins possédaient des connaissances qui n'étaient pas vulgaires. Des divinités du polythéisme, des bacchantes, des festons de feuillages, de capricieuses *grecques*, des gladiateurs, des lions et mille autres figures symboliques, ornaient en relief ces antiques vaisselles qui portaient généralement dans leur partie inférieure le nom du fabricant.

Cela fait supposer que les Sagontins avaient appris des Grecs l'art de la céramique, de même qu'ils leurs avaient emprunté leurs Dieux, et notamment le culte de Diane d'Ephèse. C'est évidemment à cette déesse que le port de Dénia placé près du cap *San Antonio*, à l'entrée du golfe de Valence, a emprunté son nom. Ce fait s'est reproduit souvent sur le littoral méditerranéen : nous n'en voulons pour preuve que Port-Vendres (*Portus Veneris*), consacré à la déesse de la beauté et de l'amour, également honorée dans le temple du cap de Creus.

Ancien port de Sagonte. — Nous avons déjà mentionné les ruines du sanctuaire que Vénus avait aussi à Sagonte. C'est en face de la colline qui le portait et presque à ses pieds, que se trouvent trois lacs dont les eaux déversent dans la mer par un canal long de trois kilomètres.

Sans être allé sur les lieux, nous savons qu'un fort parapet de béton hydraulique, entourant ces lacs, qui jadis n'en faisaient qu'un, et les vestiges d'une tour plongeant de cinq mètres dans l'eau, forment une solide défense à la sortie du canal. Il ne reste pas autre chose du port de Sagonte, qui, ainsi que tant d'autres du littoral français, a été comblé par les alluvions. Tel serait depuis longtemps le sort de celui de Cette, s'il n'y était dépensé des millions.

Mais coupons court à ces réflexions; la cloche de la gare appelle les voyageurs pour Valence, et quelque alléchante que soit la cuisine du *Parador de san Joaquin*, je ne me soucie pas de manquer le train. Toutefois, je ne dis pas adieu aux ruines de Sagonte, mais au revoir!...

ALICANTE-MURCIE-CARTHAGÈNE

Alicante, Murcie, Carthagène

Trois jours de repos à Valence suffisent pour revoir cette charmante ville, qui depuis dix ans s'est considérablement agrandie et embellie ; mais je ne vous en reparlerai qu'au retour de Murcie. Pour le moment, j'ai hâte de descendre dans le midi pour fuir le temps, qui s'est décidément mis au froid et à la pluie. Certes, cinq degrés au-dessus de zéro sembleraient à un Français du nord une température printanière ; mais dans les pays « où fleurit l'oranger, » ils constituent une fin d'automne très désagréable. Aussi, voit-on déjà les caballeros embossés dans leur cape, arriver à la station en se cachant le nez et se précipiter dans le train, armés d'épaisses couvertures pour passer la nuit. Je ne me crus pas d'abord obligé de dérouler la mienne ; mais j'avais compté sans l'hôte, c'est-à-dire sans les wagons valenciens, ouverts à tous les vents et munis — en première classe seulement ! — de bouillottes... froides.

A *La Encina*, misérable station où se fait la jonction avec la ligne de Madrid à Alicante, il faut attendre deux mortelles heures le passage du train, dans une grande salle sans feu mais non pas sans fumée, en dépit d'un proverbe international. C'est la *fonda* (buffet) où grouillent confondus les voyageurs des trois classes, mangeant, buvant, fumant et criant à l'envi. Quel supplice ! Pour comble d'ennui, on ne peut sortir un instant pour aspirer une bouffée d'air pur, car, à l'altitude où nous sommes, le thermomètre est descendu à zéro, et il faut rentrer bien vite dans la salle. Attention aux porte-monnaies, aux montres et aux portefeuilles !...

Il est une heure du matin : encore une heure à passer dans cette atmosphère méphitique ! Avalons deux chocolats à la cannelle — un seul ne suffit pas à cause de l'exiguité des tasses ; — c'est encore ici ce qu'il y a de moins mauvais. Nous n'arriverons à Alicante qu'à cinq heures et demie, si toutefois il n'y a pas de retard ; il faut donc se réchauffer de son mieux par ce fallacieux cacao.

Dix heures de marche pour un trajet de 200 kilomètres ! Oh ! les trains valenciens ou catalans, quelles sales et lourdes charrettes !... Le *correo*, il est vrai, irait un peu plus vite ; mais il ne correspond pas avec celui qui descend de Madrid, et il faudrait attendre ce dernier *toute la nuit* à La Encina ! Que tout cela est bien organisé, et que les compagnies espagnoles doivent être fières de leurs administrateurs !...

Ces réflexions et la méchante humeur qui en résulta, durent probablement nuire dans mon esprit à la bonne ville d'ALICANTE, car j'eus vite assez de sa montagne de calcaire couronnée par le fort de *Santa Bárbara*, de sa cathédrale insignifiante, de ses avenues poudreuses et de son port aux longues jetées désertes. Heureusement, c'était un dimanche ! La musique militaire attira la foule sur les allées de palmiers, au bord de la mer — la *Promenade des Anglais*, à Nice, moins les Anglais ! — En revanche, il y vint de piquants minois en mantille, de fringants cavaliers bien montés, de charmants groupes d'enfants et quelques types indigènes, fidèles aux traditions locales, qui me firent patiemment attendre l'heure du train de Murcie.

De tout ce joli parcours d'environ 74 kilomètres, il n'y a guère à citer que Elche, ville essentiellement moresque par ses constructions blanches, ses terrasses et ses petites rues.

aussi bien que par sa riche végétation exotique. Elle est célèbre par sa forêt de dattiers que traverse le chemin de fer; mais d'après certains historiens, elle aurait des prétentions à une célébrité plus haute : elle se vanterait d'avoir mis en échec Amilcar, qui s'était emparé, comme on sait, de toute la Bétique, 238 ans avant notre ère, et qui se vit, en effet, trahi par la fortune, devant *Ilicis* ou *Hélice*, dont on a fait *Elche*.

Un voyageur racontait un jour à un Anglais qu'il avait failli se casser la jambe en descendant du train : — Oh yes! lui répondit avec flegme le fils de la blonde Albion, votre histoire *été* beaucoup intéressante, mais pas tant que si *le jambe de cô il avai été* cassé tout à fait!

Comment après cela viendrai-je vous dire, qu'en gare d'Orihuela, je me suis sottement écrasé le pouce gauche en refermant la portière, et qu'à Murcie j'ai *failli* être asphyxié, une nuit, par le *brasero* laissé dans ma chambre?

La campagne de Murcie vue au clair de lune est vraiment poétique, et je me promettais de la parcourir consciencieusement le lendemain dès le lever du soleil: mais, ô déception amère! il pleuvait à torrents quand j'ouvris la fenêtre. Savez-vous rien de plus navrant qu'une journée de pluie passée dans un hôtel!... A la première accalmie, j'ouvre mon riflard et je me précipite vers la cathédrale, qui par bonheur n'est pas éloignée de la *Fonda del Comercio*.

La façade principale quoique très belle, est de celles qui me laissent froid : *Saint-Pierre* de Rome est du nombre; et, dussé-je passer pour un barbare, j'admire sans émotion. Je n'aime pas à voir les ordres grecs ou l'art romain dans les temples chrétiens : le roman ou le gothique, je ne sors pas de là. Je vais plus loin en confessant que le semi-gothique espagnol ou italien — le Dôme de Milan, par exemple — ne m'a jamais remué autant que nos belles cathédrales de

France; ce ne sera donc pas celle de Murcie, toute grandiose qu'elle soit, qui me fera oublier *Notre-Dame*, de Paris, les cathédrales de Chartres, de Tours et d'Orléans, *Sainte-Cécile*, d'Albi, ou *St-Sernin*, de Toulouse.

Rendons toutefois cette justice aux artistes espagnols du Moyen-âge et de la Renaissance, qui ont contribué à l'ornementation de la principale église de Murcie, qu'ils l'ont dotée de belles statues, d'importants reliefs et de riches détails de sculpture. Le plus curieux parmi ces derniers, c'est assurément une chaîne en pierre circulairement posée sur une tour inachevée, voisine de l'abside. Deux statues appuyées sur un grand écusson au-dessous de cette chaîne, représentent d'après la légende, les deux artistes qui ne travaillaient que de nuit à cette merveille cachée à tous les regards. Après qu'ils l'eurent terminée, on leur creva les yeux pour les mettre dans l'impossibilité de la reproduire ailleurs; aussi, l'appelle-t-on *la Cadena de los Ciegos* (la chaîne des aveugles).

Le *Casino* de Murcie très beau et très riche, *n'a pas son pareil en Espagne*; Valence et Cordoue, et peut-être d'autres villes, en disant autant du leur, vous en croirez ce que vous voudrez. Les étrangers peuvent le visiter et y consommer, le premier jour; ensuite, s'ils veulent le fréquenter, ils doivent se faire présenter et payer leur cotisation. Vous pensez bien qu'un jour de pluie, c'était bien le cas d'aller y demander une hospitalité..... écossaise.

Le Théâtre et la *Plaza de Toros* sont dignes d'une ville de 90.000 habitants; mais comme ces deux monuments se trouvaient fermés, je n'ai pu les juger que sur leur extérieur.

Dans les pays méridionaux il est rare que la pluie dure; je pus donc dès le second jour, me convaincre que la campagne de Murcie tient en plein soleil ce qu'elle promet au clair de lune. C'est une immense plaine entourée de montagnes et arrosée par le *Segura* — un nom bien trompeur! — qui causa la fameuse inondation de 1882. Ma première visite fut pour *lui*. — En espagnol, tous les noms de fleuves ou de rivières sont masculins, parce que le mot *rio* est sous-entendu. — On me montra la hauteur atteinte par la crue : c'est à n'y pas croire de la part d'un cours d'eau si profondément encaissé; mais chacun se souvient des terribles ravages qu'il commit dans la plaine et dans les faubourgs de la ville. Il n'y paraît plus aujourd'hui.

Les jardins sont nombreux autour de Murcie: on y voit moins de dattiers qu'à Elche, mais en revanche beaucoup plus d'orangers, de citronniers, de mandariniers et de bananiers. A cette saison, les fleurs sont rares, et c'est bien regrettable de ne pas rester ici jusqu'au printemps pour juger de ce que la végétation doit être, sous pareille latitude. Les araucarias et les eucalyptus y atteignent des dimensions inconnues chez nous; les grenadiers, les mûriers et les nopals y prospèrent autant que la casse du Levant (*Acacia farnesiana*) qui parfume de ses fleurettes d'or de nombreuses haies vives.

De la promenade du *Malecon*, énorme chaussée de la rive gauche, on aperçoit non-seulement la *huerta* émaillée de villas et de baraques, arrosée par une foule de canaux qui y entretiennent une humidité un peu trop grande en hiver, mais on jouit, en outre, d'une belle vue panoramique de la cité. Le *Segura*, qui la partage en deux parties à peu près égales, lui donne avec ses ponts, ses moulins et ses barrages écumants, un cachet d'originalité sauvage. Son imposante cathédrale domine toutes les maisons, humbles vassales couchées à ses pieds; et de son sein avec l'ardeur de la foi, s'élance son gigantesque clocher de 146 mètres (1).

---

(1) Ce chiffre donné par M. Germont de Lavigne, me paraît exagéré.

Le marché se tient, le mercredi, sur la place de l'*Arenal*, où s'élevait autrefois le palais de l'Inquisition, et il se continue tout le long de la place de la Constitution complantée d'orangers et protégée par une grille en fer.

Rien de plus amusant que l'aspect des *huertanos* des deux sexes, qui viennent apporter leurs denrées à ce marché. Vive Dieu! voici au moins des gens soucieux de perpétuer la couleur locale dans leurs ajustements! Que ne puis-je en dire autant des gondoliers de Venise vêtus comme les paysans de Boujan ou de Montady!..

Ici, la plupart des cultivateurs aisés portent un sombrero retroussé du côté droit et relié à la calotte par un court chapelet de pompons noirs; d'autres s'en tiennent encore à la *montera*, sorte de casquette à la *Buridan* introduite, en 1806, à Murcie par l'intendant Jorge Palacios de Hurdaniz. Les tout jeunes gens de Montpellier l'avaient mise à la mode en 1840, et je me souviens très bien de l'avoir portée moi-même, étant enfant, avec un revers de velours cerise. La veste, courte comme celle des *toreros*, a un collet rabattu en velours noir; le gilet à fleurs voyantes, orné de gros boutons d'argent en forme de grelots, s'échancre pour laisser voir le plastron brodé de la chemise et se perd dans une large ceinture. En hiver, les Murciens ne portent pas la culotte courte des Aragonais; mais à la belle saison, ils remplacent le pantalon par les *zarahueles* (de l'arabe *sarouel*, qui a le même sens), larges braies en toile blanche, descendant un peu au-dessous du genou. En ce cas, ils ajoutent des jambières de même couleur et se chaussent d'*alpargatas* retenues par des cordons noirs. Pendant l'exposition, tout le monde a vu aux *Fêtes espagnoles* du *Cirque d'Hiver*, cet étrange costume que nous retrouverons à Valence, les derniers jours du carnaval.

Celui des femmes n'est pas moins original, mais la description en est plus difficile pour qui n'a jamais collaboré à un journal de modes.

Sur une ample jupe de percale à fleurs imprimées, un corsage de coutil brodé en laine de diverses couleurs, est complété par de courtes manches en mousseline bordées de dentelles. Un fichu de Manille ou de batiste, de nuance toujours vive, est remplacé en hiver par un châle à carreaux verts et rouges, orné d'une longue frange. Le châle, cet affreux vêtement inventé pour les femmes mal faites, est depuis longtemps banni de France; pourquoi donc s'est-il réfugié en Espagne, le pays par excellence des jolies tailles? Ce serait à n'y rien comprendre, si on ne savait, hélas! qu'ainsi que la cape, c'est souvent un cache-misère.

La coiffure est bizarre. Excepté à l'église où elles vont avec la mantille ou un foulard, les femmes laissent voir leurs beaux cheveux appliqués derrière la tête et fixés par de longues épingles à boule d'or.... ou de similor. Entre ces ~~deux~~ en cercles cercles, une large tresse plusieurs fois repliée sur elles même, forme au-dessus de la nuque une sorte de 8.

Un petit tablier de soie noire, d'étroits souliers vernis, des bas blancs bien tirés... et l'éventail en toute saison, complètent ce costume, qui plaira difficilement à nos élégantes fin de siècle, parce qu'il leur semblera impossible qu'ainsi atifée, une femme puisse paraître............... *bien*.

« *Comment le dirait-on si l'on n'en savait rien?* »

Une Murcienne détonnerait sans doute, au boulevard des Italiens ou aux Champs-Élysées; mais sous les orangers de la *Florida blanca* ou sur les gradins de la *Plaza de Toros*, on admire ces têtes fines et légères, ces visages ovales aux yeux provocants et lascifs, ces pieds mignons, « *dignos de régio tapis* » ces tailles rondes, souples et cambrées, et surtout ces ravissants corsages pleins de promesses..... toujours tenues. N'oublions pas que la province de MURCIE confine à l'Andalousie, et que les Maures y ont laissé un superbe type.

Ce spectacle nous a longuement distraits de celui des denrées ou des produits de l'industrie régionale, étalés à terre ou dans des boutiques volantes : il est temps d'y revenir. Ici, ce sont des tas d'oranges, de citrons et de mandarines, de melons de la récolte dernière ; là, des figues, des dattes, des raisins encore frais ; plus loin, des bananes, des figues de Barbarie et d'énormes piments rouges.

Le menu peuple se jette avec avidité sur les *tramusos*, les *chufas* et les *cacahuetes* (arachides) qu'il obtient en grande quantité pour un sou et qu'il mange, les deux premiers seulement trempés, les derniers torréfiés. En été, il y a en plus la pastèque, et l'Espagnol doit être de l'avis de l'Italien : « *per un soldo, si mangia, si beve, si lava la figura.* »

Passons aux poteries qui se ressentent de leur origine romaine ou arabe ; voici l'élégant *cántaro* à la base étroite, au flanc rebondi, au col fin entre deux anses coquettes, presque une amphore ; voilà la *jarra* plus modeste, avec son orifice à plusieurs becs, et le simple *jarro* en forme de broc. Je passe les faïences à ramages capricieux, les tapis de laine ou de sparterie, les mantes et les couvertures aux couleurs voyantes, pour arriver aux riches costumes de femmes, suspendus le long des murs sur des ficelles. Les acheteuses les réservent pour l'époque de la foire, qui dure tout le mois de septembre. Pendant cette joyeuse période, les jupes de percale sont remplacées par des robes de soie tout unies : blanches, roses, vertes ou bleues, brodées d'or ou d'argent, selon la nuance, de même que les fichus et les tabliers. A voir étinceler au soleil les bijoux, les filigranes et les paillettes des jeunes promeneuses, on dirait un essaim de papillons aux ailes diaprées.

Les rues de Murcie sont larges, bien pavées mais à peu près désertes ; tout le mouvement se concentre dans celles de la *Traperia* et de la *Plateria* (Draperie et Argenterie) ou bien encore, dans l'avenue de la gare. En somme, il serait triste d'y hiverner, et surtout difficile d'y trouver un logement convenable, à moins d'acheter des meubles. Dans ces conditions tout à fait imprévues, je n'hésitai pas à pousser jusqu'à Carthagène.

On y va en deux heures par le train qui descend de Madrid, sans avoir autre chose à remarquer en route que d'affreux rochers et un vaste étang d'environ 18 kilomètres, nommé *Mar menor*, communiquant avec la mer par un étroit goulet.

Carthagène a été, dit-on, un port des plus commerçants et une ville des plus animées : Aujourd'hui c'est surtout un port militaire dont le *great attraction* est en ce moment le fameux cuirassé *Pelayo*. Tout au tour s'élèvent des collines garnies de vieilles forteresses dont l'une, qui touche le quai, est entièrement démantelée. Est-ce par suite du bombardement de 1873, époque du *pronunciamiento* du général Contreras et de la marine, qui emmenèrent à Oran la frégate la *Numancia*? Voilà ce que je n'ai pas eu le temps de vérifier.

L'entrée du port est protégée par deux hautes montagnes, et la rade a la réputation d'être aussi sûre que vaste; aussi, les marins de la première moitié du siècle disaient-ils : « L'Espagne n'a que deux ports sur la Méditerranée : Carthagène et le *Noroi* (N.O.).

Ma première impression en arrivant dans cette ville n'avait pas été à son avantage. Ces tranchées dans les masses calcaires qui l'avoisinent, ces collines absolument dénudées, ces champs pauvres de végétation ; tout jusqu'à la gare elle-même, avec ses murs enfumés et ses noirs cloaques, m'avaient fait regretter la riante campagne de Murcie. Cependant, après une visite aux deux seules places de la ville : *de las Monjas* et *de la Merced*, et une promenade dans la *calle Mayor*, je ne fus pas trop fâché d'y avoir séjourné quelques heures ; mais elles me parurent plus que suffisantes, et l'idée me vint de partir pour Alméria, la ville au doux climat.

Un vapeur chauffait justement pour ce port andalou ; le ciel était d'azur ; la mer, d'*huile*... c'était le moment ou jamais d'embarquer. J'en fus dissuadé à temps par un commensal de l'*Hôtel de France*.

— *Dios mio* ! s'écria-t-il en apprenant mon projet, vous iriez passer l'hiver dans ce trou ?... mais ne savez-vous pas que les chats y meurent d'ennui ?...

Et voilà comment, étant rentré le soir même à Murcie, je reprenais, le lendemain, sans enthousiasme, le chemin d'Alicante, mais non sans horreur celui de La Encina pour réintégrer Valence.

VALENCE DU CID

> Lou viajaire en Espagno,
> Deu pas aveiré trop la cagno ;
> Crenta ni singés ni monissals,
> Ni l'oli rancé ni lous als.
> L. N.

VALENCIA DEL CID

1

Aspect de la ville. — Places et Rues Population — Modes et Mœurs.

17 Décembre 1889.

Quant on revoit après dix ans une ville en progrès comme Valence, il faut s'attendre, mes chers amis, à de notables changements, qui ne tournent pas toujours à son avantage, du moins au point de vue pittoresque et artistique. J'ai déjà eu l'occasion de dire qu'elle s'était considérablement embellie et agrandie, à la satisfaction des bourgeois qui ne rêvent que vastes places, longues et larges rues bien alignées, boulevards spacieux, sillonnés par des tramways. Turin m'a toujours paru l'idéal de ce genre peu apprécié de l'archéologue ou du touriste; car l'un et l'autre regrettent tout ce qui donne à une ville sa physionomie originale, son cachet personnel, tout ce qui perpétue le souvenir des faits saillants de son histoire.

Malgré bien des mutilations, Valence a encore un peu gardé son aspect oriental, grâce à ses clochers, à ses tours, à ses étincelantes coupoles, et surtout aux vieux remparts en barbacanes que la sape a çà et là épargnés.

Rien de plus harmonieux, de plus poétique même, que le panorama de la ville au soleil couchant, vu du cinquième pont du *Turia* ou *Guadalaviar*, quand on revient du *Grao*, à cette heure mystérieuse et mélancolique où l'âme se replie sur elle-même, où le cœur se gonfle et les yeux se mouillent sans qu'on sache pourquoi.

Valence noyée dans l'ombre, profile crûment sur un ciel embrasé, les silhouettes de ses belvéders, des dômes, des flèches et des campaniles de ses églises, du minaret de l'incomparable tour du *Micalet*.

A droite, quelques rares flaques d'eau de la rivière large de 130 mètres, réfléchissent des nuages qui les teignent de pourpre, tandis que dans un gracieux contour de la rive, surgissent d'une oasis de verdure le clocher et les maisons de *Campanar*, blanchissant sur le fond bleu-cendré des montagnes mouchetées de neige. A gauche, la chaîne reparaît au loin plus vaporeuse, s'effaçant graduellement dans la brume grise et se perdant à l'horizon, vers le cap *San Antonio*.

Valence jadis entourée de murailles crénelées et de fossés profonds, avait quatre portes, dont deux : *San Vicente* et *del Mar* ont complétement disparu. La municipalité — plus intelligente, plus artiste que celle de Séville, qui a rasé les magnifiques portes de *Jerez* et de *Triana*, aux fières et nobles devises — a su conserver celles de *Serranos* et de *Cuarte*, qui sont d'un grand caractère. Loin de penser à les démolir, on dégage la première, et dans ses hautes et puissantes tours, qui naguère servaient de prison militaire, on va établir un musée archéologique. Pénétrons ensemble par cette imposante entrée, dans la royale ville du Cid ; et pour ne pas vagabonder en pure perte, mettons une certaine méthode dans nos courses, qui ne doivent en rien ressembler à celles d'un étranger pressé.

Valence a peu de places qui méritent ce nom : elles sont toutes étroites, irrégulières — sauf celle *del Principe Alfonso* dont on a fait un joli square : — un certain nombre d'entre elles : *Santa Catalina, San Francisco* et *las Barcas,* ne sont que de simples carrefours. La place de *Tétuan* (jadis *San Domingo*) est assez grande mais informe ; quant à celle de la *Reina,* elle présente un triangle dont un côté magnifiquement rebâti, fait espérer un agrandissement régulier. La plus jolie, quoique n'ayant aucune ressemblance avec les places de nos grandes villes, c'est la *Plaza de la Constitucion,* près de la Cathédrale.

Les principales rues de la vieille cité sont celles de *San Vicente,* qui en traverse la moitié méridionale, de *Caballeros* débouchant sur le palais de *la Audiencia, del Mar,* de *San Fernando,* qui aboutit au marché, la *Bajada de San Francisco* et *las Barcas* : c'est là que se porte tout le mouvement des oisifs et des gens affairés. N'oublions pas la belle *calle de Zaragoza,* qui avec ses riches magasins fournis par l'industrie française, est, dans de moindres proportions, à Valence, ce que la rue de *la Paix* est à Paris, ou la *calle Fernando* à Barcelone. La *calle de Cuarte* et celle de *Serranos* sont aussi de grandes artères que nous citons pour ne pas les rendre jalouses ; mais ce n'est pas là que nous devons nous placer pour regarder les passants... et les passantes. Ce sera, si vous voulez bien, au carrefour de *Santa-Catalina,* le plus central et le plus animé de la ville.

A la fin du XVIe siècle, la population était, dit-on, de six cent mille âmes : les guerres étrangères ou civiles, les émigrations en Amérique, les expulsions successives des Maures et des Juifs, les auto-da-fé de l'Inquisition, les nombreux couvents des deux sexes, ont concouru avec les épidémies et la misère à la réduire aujourd'hui à cent dix mille. Cependant, on est moins mathusien en Espagne qu'en France, puisqu'il n'est pas rare d'y voir des familles comptant dix, douze et même quatorze enfants. Cela permet d'espérer maintenant, grâce au suffrage universel, qu'on arrivera au service militaire obligatoire pour tous, et que tous ces grands gaillards ensoutanés ou enfroqués, bons à rien, pas même à faire des enfants, — quoiqu'en disent les mauvaises langues, — contribueront à ramener la population à un chiffre proportionné à l'étendue du territoire. Il ne faudrait pas pourtant que la pauvre Espagne fût souvent bouleversée par les inondations et les tremblements de terre, ou visitée par l'*Influenza* et le choléra.

C'est vers midi et surtout à cinq heures que l'affluence sur les places et dans les rues, est le plus considérable. L'aristocratie et la haute bourgeoisie s'habillant à la dernière mode de Paris et ne sortant qu'en voiture, nous n'avons à nous occuper que de la classe moyenne et du menu peuple, qui seuls conservent dans leurs costumes la tradition locale. Les chapeaux-melons noirs, gris ou marrons, ont chez les petits bourgeois, les marchands et les employés, complètement détrôné le sombrero; mais la cape à pèlerine résiste. Les revers de velours ou de peluche, aux couleurs éclatantes: cramoisi, bleu, vieil or ou crème, selon le goût ou les moyens de chacun, sont tous jetés sur l'épaule gauche avec le même *chic*. La classe inférieure se contente d'une couverture rayée dont la frange tombe sur les talons; elle se coiffe du sombrero à larges bords ou d'un simple madras et se chausse d'*alpargatas*.

Les femmes de la société affectent de plus en plus de se *désespagnoliser* : elles ont renoncé à la mantille, ce gracieux vestige monacal, qui encadrait si bien leurs visages, et elles l'ont remplacé par d'affreux chapeaux empanachés qu'elles portent mal. On voit, en outre, dans la classe moyenne beaucoup de châles achetés au rabais, des manteaux, des pelisses et autres confections, véritables rossignols importés des plus anciens bocages français. Voilà maintenant ce qui sert à enlaidir et à ridiculiser de jeunes femmes, qui pourraient être charmantes dans leur costume national.

Parmi les *huertanas*, ces filles du peuple, on trouve en revanche les plus beaux types. Elles vont tête nue, la taille ronde et cambrée, la jupe ample mais courte, la cheville fine et le pied étroit. Les bijoux qu'elles affectionnent, ornent leurs oreilles, leurs poitrines et leurs mains, de perles et de pierres précieuses mais modestes, telles que turquoises, grenats et topazes.

Ce que toutes ont de commun — bourgeoises, grisettes ou paysannes — c'est la beauté des yeux, la grâce de la démarche, une coquetterie sans borne et un aplomb renversant. Mais elles trouvent à qui parler, car ici le sans-gêne et l'audace voulue des hommes dépassent les dernières limites de l'éducation la plus rudimentaire et des convenances. C'est à ce point que les dames de la colonie française, se privent la plupart d'aller à la messe, le dimanche, pour ne pas entendre les *requiebros* (compliments) cyniques des enragés *caballeros* qui attendent la sortie pour les dévisager.

On aurait bien tort de croire que cela ne se passe ainsi qu'à Valence : Barcelone, Séville, Grenade, Cadix, luttent avantageusement avec elle et avec Madrid, sur ce terrain de la galanterie (?), nous pourrions dire de l'impertinence. Dans ces *capitales* où la femme est si peu respectée, malheur à celle qui, de nuit ou de jour, ose sortir seule !..... Elle ne rentrera pas sans avoir été l'objet d'une poursuite acharnée ni sans que son oreille n'ait été choquée par des propos malsonnants.

Après le coucher du soleil, la flirtation — cette grande affaire des pays chauds — bat son plein. On voit alors aux coins des rues ou sous les portes cochères, des ombres noires plus immobiles que celle d'un *braco* vénitien. Passez sans crainte : ce sont des amoureux qui font patiemment le pied de grue, le sombrero sur les yeux, la cape sur le nez, en attendant le signal pour *pelar la paca* (plumer la dinde). Cette expression caractérise les colloques sans fin des amants, les uns séparés par la grille de la fenêtre du rez-de-chaussée; les autres plus malheureux, par trois ou quatre étages. C'est pour ceux-ci, en dépit des lois de Képler, que l'attraction augmente en raison directe du carré des distances. Heureusement, le progrès s'applique à tout maintenant; et grâce au téléphone primitif, formé de deux étuis de carton et d'une longue ficelle, la conversation amoureuse va son train, soulignée le jour par les œillades, la nuit par les baisers d'été qui se gèlent en route.

Une jeune personne n'est pas compromise pour si peu; et les parents, qui jadis en ont fait autant, si ce n'est plus, affectent de ne rien voir, espérant qu'un jour ou l'autre, le galant s'expliquera. Ces explications se font quelquefois attendre cinq ou six ans ; mais enfin elles viennent..... presque toujours ! — O Figaro ! que dirais-tu, si tu surprenais Lindor et Rosine se livrant à ce sourd colloque dans le pays des castagnettes !...

En somme, ces habitudes sont plus morales que nos chasses à la dot, et l'on ne s'épouse pas sans se connaître. Les ménages en sont-ils plus heureux pour cela ? La misère et la vanité sont de mauvaises conseillères ! Chut ! n'approfondissons pas.....

II

Hôtels, Restaurants & Cafés — L'Ensauche — Squares et Jardins — Le Turia et l'Alaméda.

Je ris de bon cœur lorsque des voyageurs, au bout de deux ou trois jours, quittent Valence avec la prétention d'avoir *tout vu*, parce qu'ils ont couru du matin au soir à travers la ville, leur Joanne à la main. J'ai fait jadis ce métier de galérien, et j'ai bien juré qu'on ne m'y prendrait plus. Il est vrai que pour tenir parole, j'ai dû m'installer, chose assez difficile dans un pays où l'on ne loue pas en garni ; mais on en vient néanmoins à bout, en s'adressant aux tapissiers qui tiennent des *muebles para alquilar* et tous les accessoires, y compris le dangereux *brasero*. C'est, du reste, le seul feu que j'aie vu de tout l'hiver, les chambres étant ici veuves de cheminées.

Dieu vous garde d'aller à titre de pensionnaire dans une *casa de huéspedes*! Dès l'escalier obscur et puant on est saisi à la gorge par un mélange d'ail et d'huile rance; une matrone dépeignée ouvre la porte du *comedor* pour donner quelque clarté au vestibule, et vous entrevoyez sur une nappe maculée de vin et de sauce, qui n'a pas été changée depuis huit jours, des croûtons de pain, des carafes louches, des verres à moitié pleins. Un relent de viande, de choux et de morue vient de la cuisine enfumée; vous vous sauvez au galop... et moi aussi!...

Quant aux restaurants, ils sont à peu près tous de dixième ordre, et ce n'est ni chez Gambrinus, place de *la Reina*, ni à la *calle Fernando* que je conseillerais d'aller dîner. Dès l'entrée, on est repoussé par la société plus que mélangée qu'on y trouve ; force est donc de recourir aux hôtels qui sont chers et mauvais, mais surtout inhabitables.

En revanche, il y a deux ou trois cafés convenables. Citons en première ligne celui *del Siglo*, où pour deux réaux (50 centimes et demi), on vous prépare sur le comptoir de délicieux moka, dans une sorte de cafetière russe. Le *Grand Café d'Espagne*, vaste salle de style moresque, doit être vu une fois. Là, comme dans les autres établissements de ce genre, il y a un énorme piano à queue, sur lequel s'évertue un pauvre diable maigrement payé mais assez largement abreuvé, que personne n'écoute.

A force de chercher un appartement convenable et en plein soleil, je finis par trouver à peu près ce que je voulais, dans une belle maison de la rue nouvellement élargie de *Don Juan de Austria*.

Ce n'est pas sans raison que je cite ce nom doublement célèbre dans les annales d'Espagne ; nous en reparlerons en temps et lieu. Pour le moment, il suffit de dire qu'il est porté par une belle rue dont les maisons ont dû reculer sur un alignement nouveau et refaire leurs façades au goût du jour. Aussi n'est-on pas surpris d'y trouver des vestibules tout parisiens, avec loges de concierges, des escaliers de marbre blanc et des statues armées de torchères.

A partir de l'entrée de cette rue, près du *Teatro principal*, commencent pour ce côté de la ville les embellissements déjà signalés. Entre le *Cuartel de San Francisco*, le *Colegio de San Vicente* et la *calle de Rusafa*, c'est un véritable éventrement de la vieille cité, et je voudrais que nos édiles biterrois, qui depuis plus de vingt ans, n'ont pas percé une seule rue, vinssent ici prendre modèle : ils verraient qu'on sait faire grand en Espagne. Déjà à l'*Ensanche* (agrandissement), il existe de superbes rues et des maisons splendides qu'en Italie on appellerait des palais. Toutes les vieilles masures des ruelles débouchant dans la grande artère de *las Barcas*, tombent impitoyablement sous le marteau des démolisseurs, et dans peu de temps ce quartier sera transformé.

Il est vrai qu'on est soumis rigoureusement à un plan général, et que lorsqu'une maison doit tomber ou reculer, il n'y a pas d'influence qui tienne, ni compère ni commère ni conseillers municipaux pour intriguer : force reste à la loi. Que n'en est-il ainsi à Béziers !... Depuis longtemps nous en aurions fini avec la ville sale, difforme et arriérée dont n'ont pas sujet d'être fiers ceux à qui elle a donné le jour. Mais c'est prêcher dans le désert, et après tout, je m'en f....iche. *Caveant consules !*...

Parmi les places de Valence, la plus régulière, avons-nous dit, est celle du *Principe Alfonso*, transformée en square, au milieu duquel s'élève un gigantesque piedestal destiné à la statue de *D. Jaime el Conquistador*. Nous avons vu, s'il vous en souvient, son tombeau : la chapelle de *Corpus Cristi*, dans le cloître de Tarragone, et je vous ai raconté qu'on me montra, en 1884, sa statue équestre chez un sculpteur renommé de Barcelone.

Eh bien, depuis lors, les Valenciens attendent patiemment que le cheval de D. Jaime — et non D. Jacme, n'en déplaise à un journal de Montpellier — s'échappant de l'atelier, comme d'une vulgaire écurie, vienne d'un bond fabuleux se placer sur ce piedestal : son aïeul, *le Cheval de Bronze*, en a certes fait de plus merveilleux !...

La plus jolie promenade intérieure, en deçà de la Citadelle, porte le nom de *Glorieta*. C'est un grand jardin planté de palmiers, de pins déjà trop vieux, d'orangers, de platanes et d'acacias. Ici, les pelouses, les bassins, les sièges et les serres n'ont pas l'air rococo des autres promenades; aussi, est-ce le rendez-vous des oisifs, des mères de famille, des bonnes d'enfant... et des militaires. Une belle grille en fer protège ce jardin où l'on vient d'installer, à mon grand regret, les baraques de la foire.

Traversons la place de Tétuan pour aller au *Portal du Cid*, saluer la statue en bronze du farouche Ribéra, dit l'*Espagnolet*; il est représenté peignant botté, éperonné, « l'épée au côté, le manteau sur l'épaule » en vrai Méphisto : une drôle d'idée tout de même qu'il était bien capable d'avoir!...

Tout en remontant le long des quais de la rive droite du Turia jusqu'à la porte de Serranos, on suit une série de squares étroits mais gracieux, ombragés par des arbres à feuilles persistantes, et parfumés par les lauriers-tins et les violettes. Des bancs nombreux rendent très commode cette promenade d'hiver.

Passons maintenant le fleuve pour descendre jusqu'à l'*Alameda*, sans nous arrêter au *Jardin de la Reina*, où en ce moment-ci, je n'aurais rien de remarquable à vous montrer; nous pourrons ainsi nous rendre compte des nombreuses détonations qu'on entend depuis une heure. C'est le tir aux pigeons, spectacle autrement cruel que les courses de taureaux. Il se tient en amont et en aval de la ville, dans le lit de la rivière, sur le sable desséché. Que cela ne vous surprenne pas. J'ai vu à Malaga sécher des lessives dans le *Guad-al-Medina*, et ici même, la semaine dernière, j'ai assisté aux manœuvres d'un escadron de lanciers, qui soulevait la poussière entre les rives du Turia, après le pont du chemin de fer.

Le nom d'*Alameda* (d'*alamo*, peuplier) est généralement donné à toutes les esplanades complantées d'arbres formant des allées symétriques. Celle de Valence suit la rive gauche et ne mesure pas moins de 800 mètres entre les deux ponts qui la limitent. La grande allée du milieu destinée aux voitures qui, selon l'expression romaine, font *corso* de quatre heures du soir au coucher du soleil, a une fontaine monumentale à chaque bout.

L'entrée du nord-ouest présente une particularité originale : un château gothique, véritable type de manoir féodal, avec tourelles crénelées, meurtrières, clochetons et chapelle à vitraux de couleur. Ce décor d'opéra, de construction récente, appartient à la marquise de Villamar, femme aussi intelligente que riche, très accueillante et parlant le français comme sa langue maternelle. Le nom du chemin de ce châtelet est des plus poétiques : *la Vuelta del Ruiseñor* (le Tour du Rossignol).

Lorsque tout à l'heure, je vous parlais de jardins rococos, je pensais justement à ceux de l'Alaméda, qui sont pour le moins arriérés d'un siècle, soit par leur dessin rectiligne, soit par leur hautes bordures de buis encadrant des massifs en contre-bas des allées. Ces jardins ou plutôt ces parterres — vieux style — se succèdent entre deux immenses allées, l'une de platanes, l'autre de palmiers.

Arrêtons-nous quelques instants sous une de ces tonnelles de jasmins, d'aristoloches et de bignonia-clamatica, où le silence n'est troublé que par le chant des oiseaux, le murmure de l'eau courante ou le bruit des voitures amorti par le sable. Il fait si bon humer ici le doux parfum des violettes, des jacinthes et des héliotropes, tout en se réchauffant aux rayons de ce soleil printanier, tempéré par une brise légère ! Pourrait-on se croire en janvier?... Et ces orangers, ces citronniers chargés de fruits qui récréent les yeux autant qu'ils flattent le goût; ces dattiers, ces bananiers, ces myrtes toujours verts, ces magnolias et ces roses épanouies sous un ciel de turquoise, ne vous font-ils pas rêver du paradis terrestre ?...

Ah ! quelles heures de bien-être et de calme, on passe en ce charmant séjour, tandis que là-bas, ô mes amis! vous pataugez dans la boue ou la neige, vous avez l'onglée et le nez rouge, vous grelottez et maudissez l'hiver, tout en politiquant autour d'un poêle de café ! A votre aise; grand bien vous fasse !!!

III

La Cathédrale et le Tribunal de las Aguas. — Santos Juanes. — La Lonja. — La Compania.

Le Jeudi-Saint est encore bien loin pour vous proposer une visite des églises. Le Capitaine-Général (1) la fera en grande pompe, à la tête de tous les officiers de la garnison ; il assistera à la procession du Vendredi-Saint avec le Gouverneur civil, et toutes les troupes iront en armes à la messe le jour de Pâques. Sans attendre cette époque officielle, allons à la cathédrale : c'est là, à l'Etranger comme en France, que va tout droit le touriste fraîchement débarqué ; et bien souvent il est obligé de reconnaître qu'au point de vue de l'art — le seul auquel je veuille me placer — c'est l'unique monument digne de sa curiosité. Otez St-Nazaire de Béziers ; que restera-t-il ? une statue romaine sottement gratifiée du nom de *Pépézut !*...

La rue de *Zaragoza* ouvre une belle perspective sur la *Seo* dont on aperçoit la porte *del Miguelete* toute doublée de cuivre jaune repoussé, représentant divers emblèmes astronomiques avec devises latines : *Electa ut sol, Pulchra ut Luna.* Plus loin, on lit : « *Speculum sine maculá* », *Porta Cœli,* etc., etc. Ces litanies étaient en l'honneur de la

---

(1) Grade équivalent à Maréchal de France.

Vierge, d'abord dame du lieu: mais il paraît que le roi D. Jaime dérogeant à la galanterie espagnole, l'a dépossédée en faveur de *San Pedro*, vocable actuel de la cathédrale.

Commencé au XIII° siècle, époque de recrudescence dans la ferveur religieuse, ce vaste monument est encore loin d'être terminé. Il emprunte sa physionomie originale à la coupole octogone du transept, percée de hautes baies en ogive, et à la tour *del Micalet* (1), qui, dit-on, a juste comme hauteur la mesure de son périmètre, le minaret compris, soit 45 mètres.

L'intérieur se compose de trois nefs dont les lourds piliers me déplaisent à cause de leurs pilastres corinthiens : c'était à la fin du XVII° siècle et au commencement du XVIII°, une rage universelle d'introduire le style païen dans les églises ; je ne recommencerai pas à ce sujet ma profession de foi. La *Capilla mayor* est toutefois remarquable par la richesse de ses dorures, de ses marbres et de ses peintures.

Midi va sonner; voici le moment d'assister à la séance que l'antique *Tribunal de las Aguas* tient tous les jeudis sous la voussure de la porte de *los Apóstoles*, une des trois entrées de la Séo. Celle-ci donne sur la place de la Constitution. A l'heure précise, les juges prennent gravement leurs places sur un vieux canapé de velours rouge, scindé en trois morceaux pour prendre le contour du portail, et cette enceinte improvisée est protégée par de petites grilles en fer à hauteur d'appui.

Le titre seul de ce tribunal sans appel, dit assez qu'il connaît seulement des contestations survenues dans la *Huerta* à propos des irrigations. Les magistrats sont quatre bons types de propriétaires faisant valoir eux-mêmes leurs

---

(1) Saint-Michel, en valencien.

terres avec l'aide des paysans, et mettant souvent la main à la pâte. Leur costume recouvert d'ailleurs par la cape obligée, n'a rien de particulier; ce n'est que le foulard dépassant le bord du sombrero et noué sur l'oreille gauche, qui fait remarquer leur coiffure.

La grille s'ouvre; un huissier introduit les plaideurs, et la foule forme silencieusement le demi-cercle derrière eux. Les débats ont lieu en valencien et sur un ton très bas, double circonstance qui me fait perdre bien des détails du litige dont j'ai compris toutefois l'exposé. Le prononcé de la sentence est renvoyé au jeudi suivant pour avoir le temps de prendre l'avis du syndicat ; nous ne reviendrons pas l'entendre.

La troisième porte de la cathédrale s'ouvre sur la petite place de l'Archevêché. Ces deux édifices communiquent ensemble par un couloir supporté par une arcade; tel, à Venise, le fameux Pont des Soupirs relie le Palais de Justice aux Prisons.

Tout à côté, donnant sur la place, s'élève le sanctuaire de la *Virgen de los Amparados* (N.-D. de Bon-Secours), où l'on montre une madone dont la photographie se vend à la porte. Cette image ne peut donner aucune idée de la richesse du costume dont la vierge est revêtue. On évalue à plusieurs millions les diamants et les pierreries qui le font étinceler à la clarté des bougies. Le peuple imbécile — comme partout — exagère orgueilleusement ce chiffre; mais ne serait-il que de quelques centaines de mille francs, c'est encore trop!...

Une autre église bien intéressante, celle de *Santos Juanes*, orne de sa jolie façade renaissance la place du Marché. A l'intérieur, tous les piliers des arcades, sauf celui de la chaire, supportent la statue d'un apôtre, et chaque cintre est surmonté d'une peinture encadrée dans un grand médaillon ovale horizontalement placé. De belles orgues ornent les deux côtés du chœur, et deux anges montent chacun un lion tenant à sa patte un lustre suspendu au-dessus de la sainte-table. Le rétable renaissance est tout doré dans le goût espagnol.

Sur cette curieuse place du Marché si vivante, si animée, si pleine de soleil et de bruit, de légumes, de fruits et de fleurs, s'élève *La Lonja de Séda* (Bourse de la soie), où tout simplement *La Lonja*, le monument par excellence, le plus typique de la VALENCIA DEL CID. Il fut bâti, selon la tradition, sur l'emplacement d'un alcazar occupé par Chimène et ses deux filles, vers la fin du XIe siècle ou dans le commencement du XIIe (1).

La façade de la Lonja formée de trois corps d'inégale hauteur et de style gothique flamboyant, comprend dans sa partie droite la Chambre de Commerce, le logement du concierge et des bureaux donnant sur le jardin de derrière. Une arcature ogivale très déliée et surmontée d'une dizaine de créneaux, couronne cette portion de l'édifice. La tour centrale plus élevée, a seulement trois baies superposées, dont la plus basse éclaire une chapelle rarement ouverte.

La gauche du monument est incontestablement la plus intéressante, non-seulement par ses superbes portes en arcs concentriques et sa terrasse crénelée, mais aussi par les vastes proportions de la salle des marchands, que des colonnes torses divisent en trois nefs aux voûtes légères et hardies. Dans l'angle à gauche en entrant, une petite porte s'ouvre

---

(1) Le Cid, comme on sait, mourut au mois de juillet 1099. Sa fille Cristina épousa Ramira de Navarra; la seconde, Maria, s'unit à Bérenger III, comte de Barcelone, dit *Tête d'étoupe*.

sur un étroit escalier à vis tout en pierre, si mathématiquement construit qu'en se plaçant au pied de la lanterne, on voit le jour comme dans un canon de fusil Lefaucheux : n'oubliez pas le portier s'il vous plait !

Derrière la Lonja, l'église de la *Compania* (lisez des *Jésuites*) possède deux tableaux qui valent bien la peine de faire quelques pas de plus : une *Assomption* ravissante du célèbre Juan de Joannes, le Murillo de Valence; et du même, un *San Francisco* en prières à côté d'une tête de mort couronnée. Il y a là sans doute un sens mystique qui m'échappe et que vous êtes libre de chercher si le cœur vous en dit.

IV

Un peu d'Histoire espagnole et de Littérature française — Comédies, Drames et Opéras. — Célèbre fratricide.

Le *Teatro principal* ne semble pas pressé d'ouvrir ses portes et il faudra s'industrier pour passer les soirées d'hiver. N'êtes-vous pas d'avis que par un temps de pluie, comme celui d'aujourd'hui, le mieux est de rester chez soi, avec un bon livre, les pieds sur les chenets — pardon, sur le brasero. J'ai mis la main sur une Histoire d'Espagne pas trop mal faite, (celle de Fernandez de Hernandez, déjà citée aux *Ruines de Sagonte*), et je vous propose de la feuilleter ensemble. Oh! pas longtemps!... juste ce qu'il faut pour y retrouver les sujets de quelques-unes de nos pièces de théâtre: comédies, drames et opéras.

J'en avais pris l'engagement à propos de la rue de *Don Juan de Austria*, et voici le moment de tenir parole, en vous disant qu'il y a eu deux bâtards royaux de ce nom, à un siècle de distance. Le premier — le *Don Juan d'Autriche*, de Casimir Delavigne — naquit de Charles-Quint et d'une jolie boulangère de Ratisbonne, nommée Barbara Blomberg, le 24 février 1545, vingtième anniversaire de la bataille de Pavie.

L'empereur le fit élever secrètement, et à sa majorité, le recommanda à Philippe II, qui l'accueillit fraternellement et ne songea nullement, comme dans la comédie, à vouloir le faire moine. Il n'y eut entr'eux aucune rivalité d'amour; le personnage de la belle juive, *Doña Florinda*, est donc une pure création du poëte. Ce fut D. Juan qui avertit le roi que son propre fils, D. Carlos, voulait l'assassiner. Cette révélation confirmée par le maître des postes, à qui ce prince avait demandé huit chevaux pour la nuit, amena une scène très violente, à Madrid, entre l'oncle et le neveu. Celui-ci tira son épée et obligea D. Juan à se mettre en défense; mais grâce à l'intervention de quelques gentilshommes, qui se trouvaient dans une anti-chambre à côté, il n'y eut pas d'effusion de sang.

D. Juan d'Autriche, comme généralissime des armées de mer, s'était couvert de gloire à Lépante. Plus tard, il crut pouvoir aspirer à la main de Marie Stuart et au trône d'Ecosse, comptant que son frère s'intéresserait à ses projets ambitieux. L'assassinat de son secrétaire, Juan de Escobedo, ne tarda pas à le détromper et à lui révéler les mauvaises dispositions de la Cour à son égard. Il partit néanmoins en campagne pour la Belgique et établit son camp près de Namur, où il mourut d'une fièvre maligne, le 1er octobre 1548, dans sa 34e année. Son corps fut inhumé dans l'église de Namur et transféré, l'année suivante, à l'Escurial. Quelques taches vues sur sa peau firent soupçonner qu'il avait été empoisonné par la même main qui avait frappé Escobedo.

Le second Don Juan d'Autriche, fils naturel de Philippe IV et de l'actrice Maria Calderón, fut publiquement reconnu et nommé prieur de *San Juan*. En 1647, étant, comme son homonyme, généralissime de la mer, il vainquit le duc de Guise et les Napolitains commandés par Tomas Aniello, pêcheur d'Almafi (*Masaniello*, de *La Muette de Portici*). Il mourut roi d'Aragon, le 17 septembre 1679, un mois après avoir fait le mariage de Carlos II, roi d'Espagne, avec Marie-Louise d'Orléans.

Cette princesse ne vécut pas longtemps. Charles II se

Elle mourut, dit-on, empoisonnée par la comtesse de Soissons, nièce de Mazarin.

remaria avec Marie-Anne de Neubourg, fille de l'Electeur Palatin, dont il n'eut pas non plus de rejeton, ainsi qu'on devait s'y attendre, car sa première femme avait confié à Louis XIV que son mari..... n'en était pas un. Victor Hugo a omis ce détail important dans son magnifique drame de *Ruy Blas*; il s'est contenté de faire ressortir la froideur du roi mais non son impuissance dans sa laconique lettre à la reine :

« *Madame, il fait grand vent et j'ai tué six loups* »

Ce prince toujours malade depuis son enfance, avait été surnommé *el Hechizado* (l'Ensorcelé) et l'Inquisition le fit un jour gravement exorciser. Il mourut le 1er septembre 1700.

L'opéra-comique de la *Part du Diable*, qui depuis longtemps n'a pas été repris sur notre scène, tire également son sujet des annales espagnoles. Au temps de Philippe V, un chanteur napolitain, Carlo Broschi ou Farinelli, était venu à la Cour, et par ses chants il avait su non-seulement adoucir la mélancolie du roi, mais encore prendre sur lui une influence qu'il conserva sous Philippe VI, plus hypocondriaque que son père et presque fou. Ce pauvre roi, qui ne pouvait se consoler de la mort de sa femme, mourut dans une attaque d'épilepsie, et son frère Charles III, en montant sur le trône, s'empressa d'exiler l'influent chanteur. Carlo Broschi se réfugia à Bologne, où il vécut jusqu'à un âge très avancé, dans une splendide villa qu'il avait fait construire.

Si dans cette excursion sur le terrain de l'histoire mise en vers ou en musique, j'ai réservé *La Favorite* pour la fin, contrairement à l'ordre chronologique, c'est parce qu'elle m'a paru la plus intéressante. Sachez d'abord que *Fernand* n'a jamais paru à la Cour d'Alphonse XI : il eut été difficile, en effet, de trouver un *jobard* de cette force sous la casaque d'un soldat et même sous le froc d'un moine. Léonor de Guzman « *un ange une femme inconnue* » était une jeune veuve de 19 ans, de grande beauté et de très noble famille, qui donna à son royal amant six ou sept garçons — dont le fameux Henri de Transtamare — et une fille, du nom de Juana. Son amour n'était donc pas

Une stérile flamme
Brûlant dans l'ombre de son âme.

La favorite fut bien plus malheureuse sur la fin de ses jours que le libretto de MM. Royer et Vaës ne le fait supposer. On en jugera par les détails suivants sur cette épopée du XIV⁰ siècle, dont l'alcazar de Séville réveille le souvenir. Après la bataille du *Rio Salado* (octobre 1340),

« *Où les rois de Maroc et de Grenade ensemble,*
« *Ont, près de Tarifa, vu tomber le croissant,*

Alphonse fut regardé comme le libérateur de la chrétienté, et de grandes fêtes furent célébrées en Avignon; mais cette victoire (1) ne fut pas aussi décisive qu'on parut croire un certain temps. Dix ans plus tard, ce roi se vit obligé d'aller mettre le siége devant Gibraltar, et ce fut sous les murs de cette ville qu'il mourut de la peste, le 27 mars 1350, à l'âge de 39 ans, après en avoir régné trente-huit.

Les auteurs arabes peu suspects ici de partialité, ont laissé de lui un portrait des plus flatteurs :

« Alphonse, disent-ils, était de stature moyenne et bien
« proportionnée, de forme élégante, blanc et blond — avis
aux barytons qui ont à représenter ce personnage — les
« yeux verts, graves, de beaucoup de force et de bon tempé-
« rament, parlant bien et gracieux dans ses discours, très

---

(1) Dans cette journée, les Maures employèrent de l'artillerie; ils en avaient déjà fait usage, en 1325, au siége de Baza (Fernandez de Hernandez).

« courageux et vigoureux, noble, franc et aventureux dans
« les guerres contre les Musulmans. »

Alphonse avait eu de D.ª Maria, fille du roi de Portugal, le terrible Pierre-le-Cruel. La mère et le fils ne voyaient pas de bon œil, comme on le pense bien, la favorite et ses bâtards. Ceux-ci ayant voulu ramener en grande pompe le corps du roi à Séville, ils les empêchèrent de l'accompagner, ainsi qu'ils l'avaient tenté, et Léonor de Guzman avec ses fils, Henri et Fadrique, durent s'arrêter en chemin par crainte de la reine.

C'est ici que les malheurs de la favorite commencent. D. Pedro prit les rênes du gouvernement, et à l'instigation de sa mère, il fit enfermer Léonor dans la prison de l'alcacazar. Ses fils essayèrent de la délivrer et ne purent y réussir; elle fut alors transférée au château de Carmona, et Henri craignant pour son propre compte, se sauva dans les montagnes des Asturies. Son frère, Fadrique, périt assassiné dans le palais même, par les gardes du roi.

Au commencement de l'année 1351, D. Pedro partit avec sa mère pour la Castille où fut emmenée Léonor afin de l'humilier. On la conduisit ensuite à *Talavera de la Reina*, où peu de temps après, elle fut étranglée par ordre de D.ª Maria, par son écuyer Alfonso Fernandez de Olmero.

Henri ne pouvait laisser de tels crimes impunis. Tout le monde sait la terrible scène qui eut lieu près du château de Montiel (province de la Manche), entre les deux frères, dans la tente de Duguesclin; mais ce qui est moins connu, c'est la part que celui-ci prit au fratricide et les paroles qu'il prononça dans cette circonstance.

Après s'être invectivés de la manière la plus outrageante, D. Pedro et Henri se ruent l'un sur l'autre et tombent sur le sol. Le bâtard a le dessous et semble perdu, lorsque Duguesclin saisit les combattants, et avec autant de rapidité que de vigueur, ils les retourne en s'écriant :

« *Ni quito ni pongo rey, pero ayudo á mi señor* » (1). (Je ne défais ni ne fais de roi, mais j'aide à mon seigneur), Et tirant sa dague, il la donne à Henri qui en frappe son frère de plusieurs coups mortels. — La favorite et ses enfants étaient vengés.

Le fait est rapporté par les historiens espagnols, et M. Germond de Lavigne dans son remarquable *Itinéraire*, loin de le révoquer en doute, dit en propres termes :

« Henri avait donné Soria à Duguesclin; don Pedro lui
« offrit Almazan, s'il voulait le laisser échapper de Montiel;
« Bertrand refusa, retint à Montiel le malheureux roi, prêta
« même la main, dit-on, au fratricide qui couronna don
« Henri, et reçut en récompense le château d'Almazan qu'il
« revendit au roi avec Soria, pour 260 mille doublons » (2)

On trouve également dans l'*Itinéraire* précité, d'intéressants détails sur le sort de la dague que Duguesclin passa à Henri de Transtamare, pendant sa lutte avec son frère. Elle fut, paraît-il, longtemps conservée dans les archives de la forteresse de Nalda, petite ville de la province de *Logroño*; mais lors du passage des troupes française, en 1808, les portes de fer de ces archives furent enfoncées, et en partant on oublia de les refermer.

« Les enfants du pays, dit l'auteur, y ayant pénétré, se
« servirent des parchemins pour se confectionner des car-

---

(1) Fernandez de Hernandez, *Historia de Espana*.
(2) Cinq millions cent trente-cinq mille francs de notre monnaie.

« touchières et des bonnets de soldats, ou bien en firent des
« feux de joie. C'est sans doute dans cette circonstance, que
« disparut du château de Nalda une sanglante relique dont
« la trace serait perdue et qu'on y conservait depuis le
« XIV⁰ siècle : le poignard avec lequel don Henri de Trasta-
« mare avait tué son frère, don Pedro le Cruel. »

Les amateurs de bibelots en donneraient cher aujourd'hui.

V

La Huerta. — Le Grao. — ~~Milayta~~ *Mislata*. — Busjasot et Godella. — Las Cuevas de Benimamet. — Petits Mendiants.

Le seul reproche à faire à la *huerta* de Valence, c'est son immense étendue qui la rend forcément monotone, car d'un simple coup-d'œil circulaire, on a tout vu. Ce sont partout de riches terrains d'alluvion admirablement cultivés, coupés par de très nombreux canaux d'irrigation qu'alimente une lointaine saignée à l'Ebre. — A quand pour nous, celle du Rhône ?... Va-t-en voir s'ils viennent, Jean; va-t-en voir s'ils viennent !...

De la mer à la montagne, on ne voit que champs de céréales, de safran, de chanvre, de pommes de terre et surtout de fèves dont les plantes qui atteignent plus d'un mètre de hauteur, sont données aux vaches en guise de fourrage. Néanmoins, les luzernières ne manquent pas, ni le foin ni l'éparcet non plus; mais c'est l'usage. Seule, la vigne y est rare, et pourtant on pourrait y faire de fameux aramonts, des bouschets et des terrets-bourrets. Des miliers de *barracas* émaillent la plaine de leurs blanches constructions recouvertes en chaume à deux versants, avec une petite croix de bois sur chaque pignon. Ça ne peut pas faire de mal; mais une bonne assurance ne serait-elle pas préférable ?

Les plus coquettes de ces baraques s'abritent sous le panache d'un seul palmier, rarement de deux; les autres se contentent pour décoration d'un beau cyprès sorte de minaret végétal qui s'harmonise si heureusement avec les constructions orientales.

Dans ces conditions, les promenades dans la huerta sont peu variées, et la multiciplité des canaux souvent trop larges, les rend difficiles. Il n'en est pas ainsi dans les orangeries de Blidah où la rigole d'arrosage est toujours côtoyée d'un sentier charmant; et d'ailleurs, — ce qui a été pour moi une forte déception — il n'y a pas ici d'*orangeries* proprement dites; car on ne saurait donner ce nom à quelques orangers disséminés dans les jardins. Il faut aller assez loin vers l'est ou vers l'ouest pour en trouver : à *Nules*, par exemple, ou à *Carcagente* dont on dit : « *Buena tierra, mala gente.* » La voie ferrée les traverse pendant un temps assez long pour se convaincre qu'elles ont plusieurs kilomètres d'étendue, dix au moins.

Ce ne sont pas seulement les canaux qui rendent la promenade difficile à travers les cultures variées de la huerta; il faut y ajouter le mauvais état des chemins. Celui du *Grao* notamment, reste tout l'hiver dans un état indescriptible; il n'a d'analogue que le chemin bordé de palmiers qui longe l'Alaméda. Dans l'un et l'autre, les charrettes et les tartanes s'enfoncent jusqu'aux moyeux; les mules ou les chevaux ont de la boue jusqu'au ventre, et les conducteurs en sont éclaboussés jusqu'à la nuque. Souvent les véhicules versent et les marchandises s'éparpillent dans les cloaques : c'est alors un concert de jurons, de coups de fouets et de malédictions à faire frémir un charretier provençal. Et ce que j'en dis n'est pas seulement pour les chemins du Grao et de Barcelone; la route de Cuenca et la *carretera real* de Madrid peuvent bien en prendre leur part. Vous n'en serez pas surpris quand vous saurez que le Gouvernement a un double intérêt à laisser la voirie en mauvais état : d'abord il ne dépense rien; ensuite, comme il prélève un droit fixe par collier, plus il faut de colliers, plus la recette est forte. Tout le monde à Valence vous dira qu'avec l'argent qu'à déjà rapporté le chemin du Grao, il pourrait être pavé en or *(sic)*.

Tenez-vous bien à ce que je vous parle du port et des maisons noires, élevées sur ses quais boueux? On y voit, comme partout ailleurs, des bateaux livrant au vent des tourbillons de fumée ou des voiles qui sèchent; des marchandises sur des chalands qui font la navette entre les quais et les navires; rien de particulier. Le seul agrément pour le touriste, c'est de suivre jusqu'au bout une solide jetée d'environ 800 mètres, pour avoir une belle perspective sur le golfe et sa ceinture de montagnes.

Malgré tout le mal à dire du chemin, il ne faut pas croire qu'on ne puisse se rendre au port du Grao sans se crotter. Il y a de chaque côté une contr'allée bien ombragée et garnie de villas élégantes; de nombreux et jolis *tramvias* à impériale, suivent celle du sud et font le trajet en 20 ou 25 minutes, ce qui est aussi commode pour les commerçants que pour les promeneurs.

Fatigué par la double course de la jetée, je m'attardai à l'embouchure du Turia, et je pus jouir d'un coucher de soleil, tel qu'un disciple de Marilhat eût pu le désirer. La grève est déserte; au premier plan, une nappe d'eau rougissante s'endort dans un contour du fleuve élargi; au second, des bouquets d'arbres dépouillés de leurs feuilles, tamisent la lumière de l'astre à son déclin et servent de repoussoir aux blanches villas disséminées aux environs. Dans le fond, la bleuâtre sierra se découpe sur un ciel vert-tendre, aux touches de carmin. Le soleil, en plongeant derrière les nuages amoncelés à l'horizon, les transforme en une véritable fournaise d'où s'élancent des gerbes d'or et des effluves incandescents. Dire tous les jeux de lumière, qui, pendant près d'une heure changent les tons du ciel, serait chose trop difficile, et je ne le tenterai pas.

La mer se confondant au loin avec une brume gris-perle, légèrement rosée, laisse encore deviner la ligne mamelonnée de la côte, jusqu'au cap St-Martin. Au zénith, des cirrus empourprés rivalisant d'éclat avec les longs stratus de feu du couchant, font pâlir le croissant de la lune. Je ne me lassais pas d'admirer cette débauche de brillantes couleurs réfléchies à mes pieds par la surface calme et unie de ce fleuve qui avait à ce moment une profondeur fantastique. Bientôt, une barque montée par des pêcheurs, glissa silencieuse vers la rive opposée. A ce moment, les ombres étaient déjà noires, et les silhouettes se détachaient si crûment sur l'onde pâlie, qu'il me sembla revoir la *Mal'Aria*, d'Hébert, avec ses figures sinistres. Insensiblement, je me laissai aller à une douce rêverie qui reporta ma pensée vers ceux qui me sont chers, et la nuit m'aurait surpris au bord du Turia, si le cornet du tramvia ne m'avait brutalement rappelé l'heure du départ.

Une autre promenade à signaler, c'est Mislata, à quatre kilomètres environ dans l'ouest de Valence. En remontant la rive droite, sur un large *malecon* en pierres de taille, qui sert de parapet à la fangeuse route de Cuenca, on évite les cloaques et on jouit du coup-d'œil du riant village de Campanar. On arrive ainsi à un puissant barrage formé par des blocs de pierre en gradins, long d'environ 80 mètres sur une hauteur totale de cinq à six mètres, dont la fonction est de retenir dans un vaste réservoir, l'eau nécessaire à l'irrigation de la localité.

Après de fortes pluies telles que celles du mois de février (201 millimètres), il est intéressant de voir le Turia

« non *tranquille* mais *fier du progrès de ses eaux*, » bondir en tourbillons d'écume jaunâtre par dessus l'obstacle et retomber avec fracas dans son lit étonné. Certes, ce n'est pas la chute du Rhin! et pourtant ma surprise à Mislata, fut plus vive qu'au château de Laufen; peut-être parce qu'ici je m'attendais à moins, et là bas à plus: tout est relatif.

Au-delà de la *Cruz cubierta*, un recoin plus modeste dans ses proportions, fournirait le sujet d'une jolie pochade. C'est tout simplement un moulin avec un béal rapide qui réfléchit les platanes, les peupliers et les trembles de ses berges. La violence du courant entraîne de blanches oies — ces cygnes des pauvres gens — et de fringants canards aux ailes diaprées, prenant leurs ébats sous le bec ahuri des volailles protégées par un châssis de fer maillé.

Le jardin, du côté de la route, est clos selon la coutume, par une haie-vive d'acacias-farnesianas, couverts en ce moment d'odorantes fleurs d'or, désignées chez nous sous le nom de *cassies*, et en Espagne sous celui d'*aromas*. On peut en cueillir librement, et je ne m'en suis pas fait faute, car j'ai poussé l'indiscrétion...... jusqu'au sang!

A la porte de Serranos, on trouve des tramvias pour Busjasot et Godella, charmants villages au nord de la capitale — tous les chefs-lieux de province s'arrogent ce titre pompeux. — Les encadrements des portes y ont la plupart, un revêtement de pavés vernissés, couverts de fleurs, d'arabesques ou de grecques, aux couleurs tendres ou vives, d'un effet aussi gai que gracieux. Les gens y sont relativement plus aimables, plus accueillants qu'à la ville, et il en est ainsi dans toute la huerta.

Près de l'église de Bujasot, un château fort, de fantaisie

moresque, présente des créneaux et des tourelles, des meurtrières et des machicoulis, qui semblent vouloir défendre un très beau parc que personne ne songe à attaquer. Dans le voisinage, quelques orangeries donnent une idée de celles de Burriana et de Villareal, véritables jardins des Hespérides dont le doux parfum lutte avec succès contre la puante haleine des locomotives qui passent.

Mais de toutes les excursions autour de Valence, la plus curieuse assurément, est celle de *Paterna,* par le chemin de fer économique de Liria, à condition de pousser la promenade aux *Cuevas de Bénimamet.* C'est étonnant combien, le long du littoral, on trouve de villes et de bourgs dont le nom commence par le mot arabe *Béni* (fils). J'en pourrais bien citer une demi-douzaine au moins; mais j'aime mieux vous faire descendre sans perdre de temps, dans les grottes artificielles de ce curieux hameau souterrain, dont on ne voit à la surface du sol, que les tuyaux de cheminées. Il serait facile de les prendre de loin pour des cippes funéraires maures.

Dans une de ces taupinières creusées sous une éminence de calcaire, je fus gracieusement accueilli, non par des troglodytes ou des gitanos, mais par une jeune et jolie Valencienne qui allaitait un enfant chétif. Autour d'une cour blanchie à la chaux, se groupent le cuisine, les chambres, l'écurie et le volailler, ombragés en été par une treille. Les maisons moresques de Blidah, du côté du cimetière ou de la Remonte, ne sont ni plus hautes ni plus confortables; assurément, elles sont moins propres. Il y a pourtant cette différence que la terrasse orientale est ici remplacée par la voûte raboteuse du roc, et qu'il faut bien éviter en se promenant *sur* ce village, de se laisser choir dans la poêle ou la marmite des indigènes.

Je demandai si les pluies torrentielles de la saison n'avaient pas innondé les cases souterraines : on répondit en me montrant des puits-secs et même, chose inouïe, des lieux d'aisance ! mais la plupart des propriétaires des maisons neuves de Béziers, ne voudront pas le croire. — Où diable la civilisation va-t elle se nicher !...

Au moment de prendre congé de la jeune mère, un gamin me demanda l'aumône en valencien, d'une manière si drôle, que je ne résiste pas à l'envie de reproduire sa supplique ;

« *Señoret ! una limosneta, por Dios ! à esté pobre !* ; *ma* « *máré è cocha y curra, mon páré é cègo y yo tort.* » (1). (Ma mère est boiteuse et *main bote* — je fabrique ce mot en opposition de *pied bot*, parce qu'il manque dans notre langue, ou tout au moins dans le dictionnaire, et qu'il traduit bien le mot *curra*; — mon père est aveugle et moi borgne). Ce disant, il soulevait d'un doigt sa paupière pour montrer l'œil perdu et prouver ainsi qu'il ne mentait pas. Quelle famille !...

Ce jeune mendiant est aussi connu à Valence qu'un pauvre petit diable perclus des jambes, qui, tous les soirs, est assis sur le trottoir, en face de l'église St-Martin, avec un tortillon de cire allumé. L'un et l'autre font de bonnes recettes.

---

(1) L'accentuation toute fantaisiste de cette phrase en facilitera la prononciation.

VI

Le Musée et San Vicente Ferrer. Inscription romaine.

Vous devez être étonnés, chers amis, que je ne vous aie pas encore parlé du Musée de Valence. Certes, après celui de Madrid — le plus riche d'Europe en chefs-d'œuvres — et même après celui de Séville, il ne fait pas grande figure; mais il est digne du troisième rang, en Espagne, autant par le nombre de ses tableaux — croûtes déduites — que par le mérite des artistes qui ont illustré l'école valencienne. Placé dans l'ancien couvent de la *Merced*, entre les portes *Nueva* et *Serranos*, on a cru devoir utiliser le cloître pour en faire des galeries de peinture. Là, le jour est plus que suffisant; mais il n'en est pas de même pour certaines salles, et on y a entrepris d'importantes réparations. Les remaniements qui en sont la conséquence, rendent les anciens catalogues parfaitement inutiles; ne craignez pas cependant que j'en abuse pour essayer d'en reconstituer un nouveau. J'appellerai seulement votre attention sur trois ou quatre Ribéra qui tirent l'œil, et sur les chefs-d'œuvre de Juan de Joannes, Ribalta, Salvador Gomez, Gaspar de Huerta et autres maîtres valenciens. Nous donnerons un regard à la curieuse galerie des portraits de personnages historiques, anciens ou modernes; et après nous être arrêtés un instant devant celui de Zorilla, que j'ai été assez surpris de trouver là, je vous montrerai tout de suite le *clou* de Musée.

Ce *clou* — expression fin de siècle que vous passerez à un homme imbu de la haute et saine littérature des feuilles publiques — est un groupe en albâtre espagnol, d'un ton roux, un peu plus clair que celui de la cire commune dont on se sert pour les parquets. Il est un peu moins grand que nature et représente un homme et un chien écrasés par le passage d'une charrette dans un *muladar*, lieu où l'on jette les décombres de toute espèce. Divers animaux immondes ou réputés tels, grouillant auprès de ces cadavres, semblent prêts à dévorer les entrailles qui sortent pantelantes de leur ventre crevé. C'est horrible à voir mais superbement exécuté.

Ce chef-d'œuvre d'un artiste inconnu, a été trouvé par hasard et depuis peu de temps, à deux mètres de profondeur dans le sol, aux environs de Valence. On prétend que c'est la fidèle représentation du martyre de *San Vicente Ferrer*, le patron vénéré de la ville, très renommé par ses miracles, qui poussa l'abnégation et l'humilité au point de se laisser assommer et traîner sur une claie, la corde au cou. La populace est toujours féroce dans ses colères; heureusement si en Espagne celles-ci sont plus terribles qu'ailleurs, elles durent moins; et aujourd'hui la chapelle élevée à San Vicente dans sa *casa natalicia*, est toujours illuminée et remplie d'ex-voto. Le jour de sa fête, le 22 janvier, tous les magasins, tous les bureaux ont été fermés, et les Valenciens qui ne négligent aucun prétexte de flâner, ont revêtu leur plus beaux habits pour faire des pèlerinages..... à tous les lieux de plaisir.

J'ai dit que le hasard avait fait trouver ce groupe d'albâtre : c'est également à cette aveugle divinité que j'ai dû la joie de découvrir une inscription romaine de la plus haute antiquité. Passant devant la porte charretière d'une maison de campagne située sur le chemin de Moncada, à deux kilomètres environ de Valence, une longue pierre de taille, qui servait de banc *pour s'asseoir*, attira mon attention. L'ayant examinée sur ses trois faces visibles, je priai le fermier qui me regardait faire, de vouloir bien m'aider à la retourner. Il fit mieux : appelant un domestique, il lui demanda une pince, et tous deux en un instant chavirèrent le bloc : C'était bien, comme je l'avais pressenti, une pierre tombale; quelques seaux d'eau ayant suffi au nettoyage, je pus lire l'inscription suivante en lettres onciales :

D M

HILARO

PRIMITIVA

COIUGI

B M

AN · LXX

qu'il faut lire ainsi : « *Diis manibus, Hilaro Primitiva conjugi bene merenti, annorum LXX.* » (Aux Dieux mânes, Primitive à Hilaire, son époux bien méritant, âgé de 70 ans).

Dans l'inscription, le V et l'A de *Primitiva* ne forment qu'une seule lettre; l'O de conjugi est surmonté du trait abréviateur remplaçant le N.

Le nom de la femme m'embarrassa d'abord un peu; mais ayant ensuite trouvé — toujours par hasard! — *san Primitivo*, martyr, dans le calendrier espagnol, à la date du 27 novembre, il n'y avait plus d'hésitation possible. D'ailleurs, un savant épigraphiste de notre ville, à qui j'en envoyai un fac-simile, le lendemain de ma trouvaille, ne l'a pas lue différemment.

Dire que cet épigraphiste est un chercheur aussi passionné qu'infatigable, d'un esprit éclairé et caustique, plein d'humour, malgré le poids des ans, d'une main habile dans l'exécution d'un croquis ou d'une pochade, n'est-ce pas nommer le créateur de notre musée lapidaire, M. Louis Noguier, qui, à tant de travaux sur la matière, vient d'ajouter l'intéressante histoire des *Vicomtes de Béziers* publiée dans le *Bulletin* de la Société archéologique dont il est président?

VII

Fanatisme et Superstition. — Instruction publique. — L'Université Les Etablissements de Bienfaisance.

Le petit Roi vient d'être sérieusement malade, et des prières publiques ont été ordonnées. Il est facile en pareille occasion, d'étudier les sentiments politiques et religieux d'un peuple : je n'y ai pas manqué. Toutes les églises, ce jour-là, regorgeaient de monde, et tandis que les cloches sonnaient à toute volée, les Valenciens priaient avec ferveur et conviction, bien différents en cela de nos ancêtres les Albigeois, ces affreux sceptiques qui niaient l'efficacité de la prière.

A ce propos, voici un petit épisode caractéristique dont j'ai été témoin. Un homme étant tombé subitement malade dans la rue *San Vicente*, on le plaça sur les marches du portail de l'église St-Martin, pour lui faire donner immédiatement les secours de la religion. Il y a juste en face une pharmacie : je me gardai bien de dire qu'en France, c'eût été là qu'on aurait tout d'abord porté le pauvre diable.

A côté de ce trait, on est ensuite assez surpris d'apprendre que parfois les mêmes individus qui ont donné des marques non douteuses de dévotion, mettent le feu aux couvents (1), et deviennent les plus enragés ennemis du trône

---

(1) Les Jésuites en ont su quelque chose au mois d'avril dernier.

et de l'autel. *Cosas de España!...* Quoiqu'il en soit, le fanatisme et la superstition dominent, surtout dans la basse classe des villes, à plus forte raison de la campagne, où l'ignorance dépasse tout ce qu'on peut imaginer. Aussi, les bonnes femmes se gardent-elles de balayer leurs maisons, le Vendredi-Saint, de peur d'une invasion de fourmis ; de même que beaucoup de propriétaires n'oublient pas, le dimanche des Rameaux, de se procurer de longues palmes, qu'ils entrelacent à leurs balcons pour préserver leurs immeubles de la foudre. Je préférerais un paratonnerre ; mais les restes du palais de l'Inquisition, à Valence, auront plus tôt disparu (1) que ces ineptes superstitions contre lesquelles sont impuissants la sape et le marteau.

Les femmes font des vœux à la Vierge du *Cármen* ou à celle de *los Dolores*, à *San Antonio*, à *Santa Rita* (abréviation de *Margarita*) à tous les saints du calendrier ; et dans ce cas, elles s'affublent pendant neuf mois ou un an, d'un costume blanc, bleu ou marron, auquel elles ajoutent une cordelière pour les saints et une lanière de cuir vernis noir pour la Vierge. Un petit écusson en argent avec emblèmes, s'applique dans la premier cas sur la poitrine, et dans le second, à l'attache de la courroie flottante. Les baigneurs du Vernet, d'Amélie et du Boulou, en ont vu certainement des échantillons.

Les dévots des deux sexes, quand ils sont à l'article de la mort, se revêtent d'un costume monacal quelconque et se recommandent au fondateur ou à la fondatrice de l'ordre. Une dame de Figuières s'étonnait un jour, au Boulou, en apprenant que ce pieux usage n'existait pas *encore* en France ; mais elle espérait bien qu'il s'y établirait.

---

(1) A cette heure, c'est chose déjà faite.

— Comment ! disait-elle à un de mes amis, qui avait l'air d'abonder dans son sens, vous mourrez dans un costume profane ! Est-ce possible ?...

— Oh ! non, répondit le farceur, je n'oublierai pas qu'il est écrit : « *Beati qui moriumtur in* Domino ! »

Cette dame s'appelait Victoria, un nom raisonnable et d'ailleurs bien porté ; mais combien n'en ai-je pas entendus qui prêteraient à rire, si en France on les annonçait dans un salon ! En voici une petite collection dont je ne traduis que les moins compréhensibles :

Milagros (Miracles), *Nieves* (Neiges), *Angustias* (Angoisses), *Dolores* ou *Lola*, *Remedios*, *Rosario*, *Pura*, *Gloria*, *Soledad* (Solitude), *Natividad*, *Trinidad*, *Anunciacion*, *Concepcion* ou *Conchita*, *Asuncion*, *Encarnacion*, *Presentacion*, *Fuensanta* (Fontaine Sainte), *Pilar* (Pilier). « J'en passe et des pires ; » mais entendez-vous cette femme criant à tue-tête : *Socorro ! Socorro !...* c'est pour appeler sa fille qu'elle met le quartier en révolution ; après ça, criez sérieusement *au secours*, vous verrez si personne se dérange !.....

N'est-ce pas que tous ces prénoms sentent la monacaille d'une lieue et préparent bien aux appellations typiques des places et des rues !...

Voici les places de la *Comunion*, de la *Congregacion*, de *Santo-Domingo* ; voilà les *calles de la Sangre*, *del Corpus Cristi*, *del Santo Oficio*, de la *Santa Hermandad* et autres tout aussi terribles. Il est vrai que la note gaie s'y mêle parfois, et je suis bien surpris de ne trouver ici qu'une seule *calle de la Impertinencia* ; les jolies femmes qui s'y aventurent avec ou sans cavalier, ne doivent pas s'apercevoir qu'elles ont changé de quartier.

Les enseignes sont à l'avenant ; les plus communes portent : *La Purísima* pour les dévots, *La Parisien* (sic) pour les libéraux, *La Estrella* pour les indifférents.

Le dimanche, on rencontre des groupes d'accolytes déguisés en cardinaux, des files de moinillons et de nonnettes plus ou moins grotesques — j'en ai vu d'impayables à Tarragone — et un bataillon de séminaristes portant sur la poitrine un large scapulaire bleu ou rouge, rejeté sur les épaules et pendant sur les talons. Que de beaux soldats l'Espagne perd ainsi !... Et comment ne voulez-vous pas qu'avec de pareils éléments, le peuple reste... ce qu'il est !...

L'éducation des garçons est généralement confiée aux prêtres, aux jésuites, aux frères *Escolapios*; aussi, sans parler du *Seminario conciliar*, il y a le *Colegio andresiano*, le *Colegio real de San Pablo* et le *Colegio del Corpus Cristi*: autant de boîtes à fanatisme.

Quant aux filles, outre les sombres couvents qui leur sont ouverts, elles trouvent de nombreux *Colegios para Señoritas*, écolettes de dixième ordre, où on ne leur enseigne que le catéchisme, le rosaire et « l'éloquence ! » (sic). Elles sortent de là d'une ignorance crasse et à moitié abêties, si ce n'est tout à fait. Cela ne veut pas dire qu'on ne rencontre parfois de jeunes Espagnoles instruites, parlant bien le français, l'anglais ou l'italien, bonnes musiciennes et même aquarellistes; mais celles-là, il ne faut pas le dissimuler, ont été élevées à Paris, à Londres ou à Genève.

L'instruction supérieure, à Valence, laisse en revanche peu à désirer. L'Université, dont la création remonte à 1209, comprend les Facultés de Philosophie, de Jurisprudence, des Sciences et de Médecine. Toutefois, l'Ecole où l'on enseigne l'art d'Hippocrate, est maintenant de l'autre côté de la ville, sur le boulevard de l'ouest : c'est un bel édifice de construction moderne.

Les magnifiques bâtiments de l'Université restaurés et agrandis, forment une île carrée, circonscrite par trois rues et une place. Ils comprennent une très grande cour entourée de galeries en arcades, dont le centre est occupé par la statue en bronze de D. Luis Vives, savant professeur de philosophie.¹ Son nom a été donné à une rue débouchant sur la *calle del Mar*.

A l'heure des cours, il est assez curieux de voir cette enceinte remplie de jeunes gens promenant gravement leur cape et discutant comme des péripatéticiens. Des cabinets de physique, de chimie et d'histoire naturelle, ainsi qu'une vaste bibliothèque contenant 40.000 volumes, sont mis à leur disposition. C'est au-dessus d'une galerie perpendiculaire à celle de la bibliothèque, que s'élève la tour de l'observatoire météorologique.

Le jardin botanique situé près de la Porte de Cuarte, se recommande autant par ses proportions que par la richesse de ses collections et la beauté de ses serres où l'on trouve des plantes des pays les plus lointains. Il est seulement fâcheux que malgré ses grands arbres de diverses essences, le mur d'enceinte lui donne un peu l'aspect d'un cimetière.

Les Établissements de Bienfaisance ne le cèdent en rien à ceux d'Instruction publique. L'*Hospital provincial* qui est immense, vient en tête. Des trois sections dont il se compose : les Malades, les Aliénés et les Exposés, je n'ai voulu visiter avec le secrétaire, qu'une subdivision de la dernière, *la Cuna* (le Berceau).

Tout autour des salles sont rangées de gracieuses barcelonnettes avec des rideaux blancs, sous lesquels dorment les pauvres petits déshérités, victimes de l'amour illicite et clandestin. Des nourrices saines et d'une propreté irrépro-

1. *qui vivait au XVIᵉ siècle.*

chable, viennent par groupes les allaiter, sous la surveillance des sœurs St-Vicent-de-Paul.

Un autre hôpital, celui de *En Bou*, situé rue de ce nom, fut fondé en 1339 par D. Pedro Bou qui l'affecta aux pêcheurs pauvres. Serait-ce là par hasard l'origine du nom du village de Port-Bou ?... En catalan, *Bou* ne signifie pas *bon*, comme en patois; on dit *bo*. Donc, ce n'est pas une simple épithète donnée à la dangereuse calanque qui avoisine Cerbère; car elle abrite si mal les pêcheurs de sardines, que le plus souvent ils sont obligés de tirer leurs barques à terre. Je donne, d'ailleurs, cette explication pour ce qu'elle vaut.

La Casa de Beneficensa ou Miséricorde est un remarquable édifice tout battant neuf, dans les environs du collège de *Corpus Cristi*. Il reçoit un millier de pauvres qu'on occupe à divers travaux, ce qui n'empêche pas la mendicité de fleurir à Valence, où, comme dans tout le reste du royaume, elle s'élève à la hauteur d'une véritable institution.

Citons enfin l'asile des *Pobres Sacerdotes*, pour les prêtres vieux ou infirmes, dont la chapelle renferme deux bonnes toiles: une *Sainte Famille*, d'Espinosa, et une *Assomption*, de Camaron.

VIII

Les fêtes de Noël. — Le Carnaval. Le Campo Santo.

La veille de la Noël est un jour de liesse en Espagne pour les enfants, les concierges, les domestiques et toute la séquelle des gens qui reçoivent des étrennes ou des pourboires. Il remplace avantageusement — pour eux ! — le premier jour de l'an, qui, à part quelques visites officielles, passe à peu près inaperçu. Inutile de dire que la Noël est aussi une grande fête pour les confiseurs, les pâtissiers, les charcutiers et les marchands de comestibles, qui font à cette époque, d'excellentes affaires. Quant aux jouets, aux bibelots et aux bonbons, c'est seulement le jour des Rois, qu'ils trouvent un écoulement facile et fructueux.

Dans la soirée du 24 décembre, les gamins courent par bandes dans les rues en poussant des cris sauvages qu'ils accompagnent d'un bruit de ferraille, de crécelles, de tambours de basques et de castagnettes. Ils n'ont garde surtout d'oublier la *Zambomba*, instrument d'origine moresque consistant en un vase de terre, recouvert d'une peau de lapin que traverse un bout de roseau perforé, long d'environ 0ᵐ50 centimètres et entouré de grelots. En manœuvrant de haut en bas ce tube fixé à la peau par un fil de fer, on obtient un bruit sourd et roulant, qui rappelle celui du *darbouka* des Arabes, compliqué du chapeau-chinois.

Ceci est la meilleure transition pour vous parler des derniers jours de carnaval, qui s'annonçaient très brillants à Valence, mais que le mauvais temps a fini par gâter. Dès le dimanche matin, les *Estudiantinas* de toute sorte — même celles qui n'étudient rien, et ce sont les plus nombreuses — parcourent les rues, bannières et musique en tête, quêtant pour les pauvres. Le groupe le plus remarquable est celui des Étudiants en Médecine, vêtus de velours noir, avec col et poignets rabattus, en dentelles, brassart vert et claque orné de la traditionnelle cuillère. Les musiques se composent de 60 à 70 exécutants en uniforme noir, avec collet, parements et ceinture bleu de ciel. L'unes d'elles, sur la place *Santa Catalina*, a joué la Marche royale et *las Peteneras*, au milieu d'une foule compacte qui applaudissait à tout rompre.

Des trois ou quatre Sociétés qui sont passées sous mes fenêtres, la plus sympathique était celle des Aveugles, avec flûtes et violons, guitares et mandolines; j'ignore si elle quêtait pour les sourds-muets ou pour son propre compte. Le temps a été superbe toute la journée et l'affluence énorme. Grâce à un arrêté municipal interdisant de jeter quoi que ce fût, et obligeant les masques à porter ostensiblement un numéro d'ordre, du coût de trois *pesetas*, il n'y a pas eu d'incident fâcheux.

Le coup-d'œil de l'Alameda avec ses voitures pleines de masques, ses cavaliers et ses promeneurs entremêlés de déguisements, était vraiment curieux; mais ce qu'il y avait de plus intéressant, c'étaient les costumes des enfants, habillés, selon leur sexe: en *toreros*, en *majos* (élégants de bas étage) en Aragonais, en Andalous ou en Valenciens de jadis, en matelots ou en soldats. Les fillettes ont moins de choix; les Murcianes et les Andalouses étaient les plus gentilles et les plus remarquées.

En pleine Alaméda, la police a saisi un nègre d'un trop beau noir qui n'avait pas son ticket, et l'a conduit au poste provisoire établi dans le pavillon central. Là, on lui a dressé un procès-verbal, basé sur ce que la couche de peinture était assez épaisse pour tenir lieu d'un masque de trois francs, et nécessiter le numéro règlementaire. Après cela, on l'a fait se débarbouiller à la fontaine voisine, aux grands éclats de rire des assistants.

Le lundi s'est encore assez bien passé; mais le mardi s'est ressenti du temps qui faisait grise mine et qui, sur le soir, s'est fâché tout à fait. Le lendemain, il pleuvait assez abondamment pour laver toutes les iniquités des pécheurs pendant le carnaval.

Nous voici maintenant en carême; tout est à la tristesse et aux cendres; mettons-nous à l'unisson par une promenade ascétique au *Campo santo* : « *In pulverem reverteris!* » L'*Influenza*, dont les plaisirs de la semaine avaient un peu détourné l'attention, augmente ses ravages : on parlait, hier, de 72 décès; c'est beaucoup contre une moyenne ordinaire de 10 à 11 par jour.

Les enterrements sont ici plus lugubres qu'ailleurs, à cause des confréries qui les accompagnent, cagoule baissée, et torche allumée. On croirait voir la procession d'un auto-da-fé, moins les victimes !

J'ai vu passer ainsi le convoi d'un général escorté par un bataillon dont le commandant tenait d'une main *sa canne* et les rênes de son cheval; de l'autre son sabre. Les soldats portaient le remington entre leurs bras, — comme les nourrices leurs poupons, au moment qu'elles les allaitent — et ce, au risque de crever les yeux des assistants avec leurs baïonnettes; du reste, en faction ils ne les tiennent pas autrement.

La musique, au lieu d'une marche funèbre, jouait un vulgaire pas-redoublé, un peu ralenti pour la circonstance.

Aujourd'hui, c'est le corbillard du pauvre qui s'en va seul au cimetière; suivons-le pour ne pas nous tromper de chemin; la promenade sera suffisante, car il y a bien quatre kilomètres de la ville au champ du repos.

A gauche en entrant, c'est le logement du *capellan*; à droite, la salle d'attente de l'éternité, dite d'*observacion*, où l'on dépose les cercueils sans couvercle jusqu'au moment de l'inhumation. Pourquoi en France, cette sage précaution n'est-elle pas obligatoire?... O sainte routine! qui dira tout le mal que tu fais et tout le bien que tu empêches!...

Il y avait dans cette salle le cadavre d'une femme jeune et belle, emportée par une péritonite, à la suite de couches. En la regardant, je songeais à la terrible impression qu'elle aurait, si elle venait à se réveiller soudain dans cette lugubre antichambre. Ni « les pâles violettes de la mort, » qui cerclaient ses yeux aux longs cils noirs, collés entr'eux, ni la teinte de cire de son visage, ne lui ôtaient rien de sa beauté sculpturale : on eût dit une sainte endormie dans sa châsse.

O mort! pensai-je pendant cette douloureuse comtemplation pleine d'amers ressouvenirs, es-tu la fin brutale ou un recommencement mystérieux? Es-tu, ainsi qu'on nous l'a enseigné, « la séparation de l'âme avec le corps » ou simplement la cessation de la vie, l'anéantissement de notre personnalité?... Qu'ils sont heureux, ceux qui peuvent croire à une vie meilleure, et combien je les envie sincèrement!.....

Le cimetière de Valence rappelle un peu celui de Barcelone dont il diffère cependant par d'immenses cours qu'entourent les tombeaux ménagés dans l'épaisseur des murs, sur cinq ou six rangs superposés. De loin, les plaques noires qui les ferment, ressemblent à des fenêtres, si bien qu'à l'heure du crépuscule, on pourrait se croire dans une filature, une caserne ou un hôpital. Sur ces plaques, on lit le nom des morts, comme dans une bibliothèque les titres des ouvrages, sur le dos des volumes. Cette désespérante monotonie laisse le visiteur froid.

Il est vrai que depuis quelques années, on élève dans l'intérieur de ces vastes cours, des monuments particuliers. On en fait autant à Barcelone; mais combien me semblent préférables les superbes *campi santi* de Pise, de Milan, de Bologne et de Gênes, quoique dans ces funèbres musées de sculpture, l'orgueil le dispute à la douleur par des œuvres d'art souvent plus riches que touchantes!...

Pendant ma station de trois heures, on apporta onze corps, dont quatre *avocats*; mais n'allez pas croire que le barreau eût perdu, ce jour-là, un seul de ses membres. En Espagne, on donne aussi le nom d'*avocats* aux petits enfants décédés avant l'âge de sept ans : ces anges vont plaider auprès de Dieu la cause de leurs parents, et c'est avec des chants d'allégresse qu'on les porte au berceau sépulcral. J'ai vu à Madrid, sur le *Pont de Tolède*, un de ces convois suivis de chanteurs et de chanteuses s'accompagnant de la guitare, du *pandero* et des castagnettes. La pauvre mère assurément ne faisait pas partie du cortège que je crus d'abord celui d'un petit gitano; mais on me détrompa, en me disant que l'Eglise, en pareil cas, remplace les prières par des chants de réjouissance.

En valencien, cette cérémonie s'appelle un *albat* (sans doute du latin *alba* : blanche), et quand de jeunes personnes sont connues pour leur belle voix, on les invite avec leurs *novios* à la veillée funèbre, pendant laquelle on chante, on mange et on boit le plus gaiement du monde, tandis que la famille pleure dans la pièce à côté. Ces gens-là sont logiques : ils ont la foi.

IX

Edifices civils et Maisons remarquables. — Bains publics. — De Todo un Poco.

Il arrive fatalement un jour où l'hivernant a réellement tout vu ou à peu près ; alors, il flâne à l'aventure, et c'est peut-être alors qu'il fait la plus ample moisson d'observations caractéristiques.

En assistant, pour la première fois, en France, à une représentation de *Carmen*, je fus surpris d'entendre porter seulement à 500 le nombre des femmes employées à la manufacture de tabac, de Séville : il y en a 4.000 ! Je ne les ai pas comptées, mais c'est à la *Fàbrica* même que ce chiffre m'a été donné. Celle de Valence en compte 3.500. Elle occupe aujourd'hui l'ancien Palais de la Douane, bel édifice digne d'une capitale.

La *Plaza de Toros* dont je n'ai encore rien dit, parce qu'elle ne s'ouvre aux courses que le jour de Pâques, a également un aspect très monumental, affectant des airs de Colisée, avec sa triple galerie d'arcades couronnées de balustres. Si de là je vous conduis à travers la ville entière, jusqu'à la place de la Constitution, visiter le palais renaissance de la *Audiencia*, à l'entrée de la jolie rue de *Caballeros*, j'en aurai terminé avec les bâtiments publics, et il ne me restera plus qu'à vous parler de quelques maisons particulières.

La plus curieuse est sans contredit celle du marquis de *Dos Aguas*, place Villarasa, à côté du Télégraphe, situation qui la fait connaître de tous les étrangers, même des plus indifférents à l'art. Elle a deux façades d'équerre, en marbre blanc richement sculpté, avec de splendides hauts-reliefs, représentant au-dessus de l'entrée principale, une grande Vierge à l'Enfant, avec des anges bouffis comme des amours. D'un côté, d'énormes lions tiennent un écusson; de l'autre, de colossales cariatides renversent des cornes d'abondance d'où tombent des régimes de dattes et de bananes, des raisins, des fruits divers, tandis que des fleurs et des feuillages s'entrelacent coquettement autour des fenêtres. De pareilles façades demanderaient vingt pages de description :

« *Ce ne sont que festons, ce ne sont qu'astragales;* »

mais je ne veux pas abuser de votre attention en vous parlant d'un intérieur somptueux qu'il ne tiendra qu'à vous de voir, si jamais vous visitez la ville du Cid.

Sur la place de la *Pelota*, il y a une maison d'apparence élégante, dont le vestibule donne une haute idée, au point de vue de la richesse et du confortable. Le propriétaire est sûrement un raffiné qui a vu Paris et qui sait jouir de ses millions. Beaucoup d'autres, à Valence, sont dans ce cas et paraissent admirablement logés; mais que servirait de vous nommer le marquis de X.., le comte de Z... ou le baron Y?

Ces heureux propriétaires ont dans leurs maisons tout le confort désirable; mais je me demande où la plupart des indigènes et des exotiques, peuvent se livrer à de complètes ablutions. Ce n'est certainement pas dans les établissements de *Bains publics* : ils sont tous fermés ! Serait-ce dans le but de faire de prudentes réserves d'eau pour l'été! Non, la véritable raison, c'est que pendant la saison froide, les habi tants, à l'inverse des chats, craignent l'eau tiède..... sans avoir été échaudés.

En revanche, ils adorent le lait. Aussi, voit-on matin et soir, des vaches stationnant avec leurs veaux dans certaines rues qu'elles remplissent plus que du bruit de leurs sonnailles; mais ce qu'on perd en propreté, on le regagne en salubrité, car de la sorte, on n'est pas exposé à avaler une infâme drogue n'ayant du lait que la couleur et le nom.

Quant à l'eau qu'on ne peut y mettre, on la laisse au *Turia*, pour les cas d'incendie, heureusement aussi rares dans la bonne ville du Cid, que les cheminées; et si par hasard il en éclate un pendant la nuit, il est vite signalé par les *serenos* ou les *vigilantes*, au poste central des pompiers.

Personne n'ignore que les serenos remplissent les fonctions de nos anciens crieurs de nuit; les *vigilantes* sont moins connus, quoique tout aussi utiles, si ce n'est davantage. Les portes des maisons se fermant par d'énormes serrures, il serait assez difficile d'emporter la clé sur soi : le vigilante garde toutes celles du quartier à un trousseau, et quand on rentre, il n'y a qu'à frapper les mains l'une contre l'autre; il vient ouvrir et allumer votre bougie à sa lanterne. Bien mieux, si de grand matin vous voulez prendre le train ou aller à la chasse, il monte vous appeler à la porte de votre chambre, et au besoin il fait vos commissions.

De pareilles fonctions devraient être bien rétribuées, mais si ce n'était la générosité des propriétaires des maisons et des nombreux locataires, ils seraient très malheureux : presque autant que les facteurs de la poste. Non-seulement ceux-ci ne sont pas payés, mais le Gouvernement leur fait une retenue sur les appointements qu'ils n'ont pas. Voici comment : les lettres qu'ils distribuent sont frappées — quoique affranchies — d'un droit de cinq centimes censé pour eux et payable par le destinataire. De cette recette, on leur retient le quart. De là pour les étrangers rarement chez eux, le jour, la nécessité de s'entendre avec la concierge pour l'acquittement de ce droit. Quant aux lettres-chargées, c'est bien une autre affaire ! Le facteur vous remet un avis imprimé, comme pour les colis-postaux, et on est obligé d'aller les retirer soi-même au *Correo*, avec un répondant, si on n'a ni cédule ni passeport.

X

L'Hiver à Valence

L'Hiver météorologique part, comme on sait, du 1ᵉʳ décembre ; j'ai donc pu jouir en entier de celui de Valence ; n'ayant quitté cette charmante ville que vers la fin de mars. Il a été froid — relativement — le premier mois, beau le second et extrêmement mouillé le troisième.

La température la plus basse de la saison a été de —0°,8 le 31 décembre ; la plus haute de 23°,2 à l'ombre, et de 37 au soleil, le 25 Janvier. La moyenne déduite de la demi-somme des minima et des maxima, s'est élevée à 8°,87. Quant à la moyenne générale de l'année, elle est de 16° : soit deux de plus qu'à Béziers, quatre de plus qu'à Paris, deux de moins qu'à Alger.

La pluie tombée, l'hiver, a fourni une tranche de 53 $^{m/m}$2, pour décembre ; 62,2 pour janvier et 201,4 pour février ; en tout 317 $^{m/m}$2, ce qui représente la moitié de la quantité qu'on recueille à Béziers dans une année moyenne (1).

J'ai exprimé dans ma première lettre le regret de voir retardée la solution du problème de la navigation aérienne ;

---

(1) Je dois ces chiffres à l'obligeance de D. Juan Codoner, le savant Directeur (*El Catedrático encargado*), de l'Observatoire météorologique de l'Université.

qu'il me soit permis d'émettre ici un vœu en faveur de la prescience du temps, découverte encore à faire et dont l'importance n'échappera à personne. Un homme, un instant célèbre, a cru avoir trouvé la loi des principaux phénomènes atmosphériques dans leur comparaison avec les rapports horaires d'observations précédentes : l'expérience a démontré l'inanité de son système.

Plus savantes sont les hirondelles : voilà qu'elles reprennent le chemin de la France ; à bientôt, chers amis, je les suivrai demain.

ERRATA

Page 24 (note), au lieu de : *ni dans l'Histoire du Languedoc*, lisez : *ni en entier dans l'Histoire du Languedoc*.

Page 27 : au lieu de *Dionisios*, lisez *Dionusos*.

ORIGINAL EN COULEUR
NF Z 43-120-8

www.ingramcontent.com/pod-product-compliance
Lightning Source LLC
Chambersburg PA
CBHW070300100426
42743CB00011B/2288